ランドスケープアーティスト
石原和幸
Kazuyuki Ishihara

# 世界一の庭師の仕事術

路上花屋から世界ナンバーワンへ

WAVE出版

チェルシー・フラワーショー2006
シック・ガーデン部門
ゴールドメダル・
ベストシックガーデン受賞

# 『青嵐』

青嵐とは、青葉の茂る初夏に野山に吹きわたる風のこと。おさないころの遊び場である里山を、風がまるで手のように草木をなでながら駆けぬけていくさまを表現しました。やさしさと懐かしさが心を揺さぶる作品です。

チェルシー・フラワーショー2007
シティ・ガーデン部門
ゴールドメダル受賞

# 『雲庭』

雲に届くような高いところでも、ビルの谷間でも、その土地に自生しているコケでつくった空間は、暑さや寒さなどの、厳しい自然環境をものともしません。愛らしいコケに思わず笑顔がこぼれる雲の上の庭です。

チェルシー・フラワーショー2008
アーバン・ガーデン部門
ゴールドメダル受賞

# 『緑の扉』

ビルの屋上に秘密基地をつくりました。秘密の扉を開けるとそこには緑の別世界が広がります。屋上に出現した夢の空間の中で、愛する家族や友だちとゆっくり話をしたい――そんな思いをかきたてる庭を目指しました。

# 世界一の庭師の仕事術

路上花屋から世界ナンバーワンへ

# はじめに

真っ暗闇のなかを手さぐりしながら、道なき道を一心不乱に走っていました。

背後からはガラガラガラという音が不気味に迫ってくる。大地が崩れていたのです。後戻りなんて、できない。何も見えないなかで、倒れないようにと祈りながら、とにかく自分の信じた方角に走るしかありませんでした。

四億円の負債を背負い、その返済を何よりも優先しなければ、家族も、ぼくの会社の社員も路頭に迷わせてしまうかもしれないという崖っぷちに、ぼくはいました。

それでも、挑戦したかったのです。

この挑戦の向こうに、きっと見えてくる何かを、つかみたかったのです。

無謀な賭けだったかもしれません。だけど、動かずにはおられなかった。だって、「命を賭けても挑んでみたい」と思える山が、目の前に現れたのですから。

親父が死んだ三七歳のときから、のぼるべき山が見つからずに、もがいていました。何をしても、二九歳のときと同じようには熱くなれない自分をもてあましながらも、いろいろなことに手を出しては失敗し、最後には莫大な負債を抱えました。

だけど、そこで終わりたくなかった。次のステージへと突き抜けたかった。

再び、身を焦がすほどの熱さを味わいたかった。


長崎の町で花屋を始めた二九歳のぼくの夢は、長崎で一番の花屋になることでした。金なんてまったくなくて、無許可で、道端に花屋を開いて売ることから始めました。やっとの思いで買った軽トラックで、二日に一回、車のなかで寝泊りしながら往復七時間かけて花を仕入れては、「お客さん、安いよ」と道端で叫んで売りました。

ゼロからの出発。そこにあるのは、自分の熱い思いだけ。

それから三年後、店は三〇軒になり、長崎で一番の花屋になれました。


「若かったから、できたことだ」

と、人は言う。

だけど、若さを決めるのは自分です。

「もうオレも、ぼちぼちいい年だからな」

そう自分で思ってしまった時点で、終わり。二度と熱く燃えることもないでしょう。挑戦するのに、遅いなんてことはない。五〇歳だって、六〇歳だって、未知の世界に飛び込む勇気と覚悟さえあれば、できるのです。

ぼくの未知の世界への挑戦は、四六歳のときでした。

イギリスで開催される世界でもっとも権威のあるガーデンショー・英国王立園芸協会主催のチェルシー・フラワーショーに、借金まみれで臨んだのです。

初めてチェルシー・フラワーショーの存在を知ったのが、前年。話を聞いてすぐさまイギリスに飛び、雷に打たれたのです。

「こんな世界があったのか」

会場に並んだ作品一つ一つのクオリティの高さ。それぞれが独自の世界観のもとにこだわりぬいて仕上げられている。花や木を植える技術も、とてつもなく高い。

それまで、ぼくが庭だと思っていたものが、子どもの遊びとしか感じられず、愕然《がくぜん》として、足が震えました。

「この高みに、自分ものぼってみたい」

そう思ったのです。

出展しているガーデナーと自分との差は、歴然としていました。ぼく自身が一番、わかっていました。

それでも挑戦したかった。だから、挑んだ。

挑むからには、世界一になってやると思った。いや、思わなければなりませんでした。借金を返さなければならない身。社員二〇人の会社で、とにかく日銭を稼ぎ続けなければなりませんでした。その行為を一週間休むだけでも、自殺行為。資金繰りができなくなり、バタリと倒れてしまうかもしれなかったのです。

金もない、時間の余裕もない、力量だってあるかわからない。ないものだらけだったけれど、「世界一になれば、すべてがうまくいくはずだ」と勇気を奮って、自分を信じました。

「絶対に、世界一になってやる」

長崎の町のしがない花屋のぼくが、決意をした瞬間でした。

それからは、チェルシー・フラワーショーで一番になることに命を賭けた日々が始まりました。

借金を返すために庭をつくりながら、チェルシー・フラワーショーに出展するための金を貯めた。

親父から相続した実家を売り、ほかでも金をかき集め、二五〇〇万円の現金をふところに入れ、仕事を二カ月休んでイギリスに渡ったのです。

二〇〇四年。初めての挑戦で銀メダルにあたるシルバーギルトメダルを取り、二〇〇六年の二度目の挑戦で、シック・ガーデン部門で念願のゴールドメダルを手にすることができました。二〇〇七年にはシティ・ガーデン部門で、二〇〇八年にはアーバン・ガーデン部門で、三年連続のゴールドメダル。

初めてチェルシーの会場に足を踏み入れてから、五年。

ぼくはやっと、空を見上げて一息つくことができました。

初参加でシルバーギルトをもらっても、二度目の挑戦で念願のゴールドメダルを手にしても、焦燥感はぬぐえなかったのです。受賞は、うれしかった。だけど、チェルシーの空気を胸いっぱいに吸い込んで受賞の喜びを味わう余裕などまるでなく、次へ向けて走るしかなかったのです。

二〇〇八年、三個目のゴールドメダルを手にして、やっと、新たな地平が目の前に広がるのを感じました。

三七歳で迷路に迷い込んだときから数えて、一三年。

ようやく、突き抜けられたのです。

今、やっとスタート地点に立てた気がしています。日本中を、いや世界中を花と緑でいっぱいにするんだという使命感に燃えています。

人に認められたいとか、尊敬されたいとか、お金をもうけたいとか、家族を守らなきゃとか、会社を存続させなきゃとかいったことを超えて、「花と緑で世界をいっぱいにすることが自分の使命」だと心から思えるのです。

自分の欲を超越して、自由になれた。

そんな気さえ、するのです。

本当に大事なものが見えてくるには、時間がかかるものなのかもしれません。

順調に人生を歩んでいても、ちょっと成功すると自分の力量を勘違いし始めてしまうし、チヤホヤされて天狗になり、立ち位置を見失ってしまうものです。

気がつくと、自分が本来進むべき道から、ずいぶん遠く離れたところでさまよってしまいます。

人間って、欲深い。欲をつかれると、ひょろひょろっとそっちに行ってしまいます。

道に迷って、つまずいて、転んで。元の場所まで戻って、一からやり直して。

ようやく大事なものが見えてくる。そのときこそが、本当の始まり。


二三歳で花屋のアルバイトを始めたぼくは、いつも目の前の仕事と必死になって格闘してきました。

必死さなら、誰にも負けない。

でも、苦しいとかつらいとか、思ったことはありません。


必死になることは、とても楽しい。

必死になることで、人も自分も感動させられる。

必死になり続けて、新たな地平にたどり着ける。

これからお話しする、ぼくのデコボコだった道のりから、そんなことを感じ取ってもらえるとうれしいと思います。

誰もが必ず可能性を秘めています。
ただ、必死になっていないから、可能性が眠ったままになっているだけ。

金がなくたって、アルバイトだって、人生の折り返し地点を過ぎた年になっていたって、借金を背負ってマイナスの状況にいたって、「これだ！」と決めて必死になれば、必ず道は開けます。

まずは、「これをやるぞ」と決めること。
あとは、自分で扉をノックして、チャンスをつかみ、必死で行動するだけです。

目次

ブックデザイン……水戸部 功
構成・編集協力……中村陽子
校正……宮崎 佑子
本文DTP……ワイズ

# 第1章

# はじまりは
# 無許可の路上販売

## 二坪花屋の押しかけ社員になる

子どものころから、花屋になりたいと思っていたわけではありませんでした。

学生時代の夢は、モトクロスのプロのレーサーになること。大学も交通機械工学科です。花とのつながりは、家が農業をやっていたことくらいなもので、ほとんどなかったと言っていいでしょう。

そんなぼくが花に人生を賭けるようになったのは、偶然の出会いがきっかけです。学生時代に知り合いになった人から「花屋はもうかるぞ」という話を聞き、「そういう道もあるんだな」とぼんやり思った程度のものでした。

大学卒業を控えて将来のことを考えたときも、親父のコネで市役所に入れるんじゃないかとか、教職も取ったことだし学校の先生にでもなるかとか、教習所のバイクの教官になろうかとか、将来のイメージを漠然と抱いていたにすぎません。最終的には大学で自動車整備士の資格を取ったこともあり、マツダオート長崎という自動車販売会社で整備士の仕事に就きました。

社会人になって「ちょっとやってみようか」と習い始めた生け花が、ぼくの人生を大きく変えました。

花屋はもうかると人から聞いた話が頭の隅にあり、「花の世界を覗くだけ、覗いてみようか」と足を踏み入れたのです。

すると……。「すごい、こんな世界があるのか」と。池坊《いけのぼう》の教室で、先生が活けた花を見て素直に感動したのです。本を買って真剣に勉強しました。「勉強したい」と思って自分のお金で本を買って読んだのは、これが初めてでした。

二回、三回と通ううちにどんどん面白くなってきて、ぼくの心に火がつき、人生これで行くんだと決めた。二三歳のときでした。

「勉強してみたい」と心から思ったものが、花だったのです。

思い込み力が、かなり強いのかもしれません。「とにかく花だ」と決めてから、迷いは一切ありませんでした。

迷いがないどころか、花屋としてどうすれば成功できるのかを考え出したら、止まりません。花屋になるんだと決めたとたんに、花のことで頭がいっぱいでした。

一、二年無収入でも、なんとかなるはずだと思っていました。家は農家だから、ぼく一人が食べる分には、困りません。着たきりスズメだって、平気です。夢中になれるものに挑むことほど、幸せなことはないのですから。

人生を花に賭けてみたいと決めたものの、さて、どこで修業をすればいいのか。勤めていた会社の近くにあった路上販売の花屋に、飛び込みました。

「すみません。ぼくを雇ってもらえないでしょうか。給料はいりません。タダでいいです」

道は、待っていても切り拓けない。自分で飛び込んでいくしかないのです。本気で学びたい、身につけたい何かがあるなら、給料なんてどうでもいい。今この時点の生活や安定を手放して、初めてつかめるものがある。

それに、本気になって取り組んだ分だけ、お金はあとからついてくるものです。

ぼくの本気さを感じてくれたのか、花屋の社長は「じゃあ、明日から来い」と言ってくれました。こうして、ぼくの花屋人生はスタートしました。

この路上花屋は、田舎の商店街にあり、商売の基礎を体で覚えることができました。社長からだけではありません。市場のいたるところで、目の前のお客さんにモノを売る基礎の基礎を毎日目にすることができました。

お客さんへの声の掛け方、お客さんの気持ちのつかみ方やのせ方、親しくなる方法。商品を魅力的に見せるコツ、買ってトクしたと思わせる小さなサービスやリップサービス、お得意様になってもらう方法などすべてです。

向かいは八百屋でした。この八百屋の店員がなんとも商売上手。木曜サービス、金曜サービス……毎日いつでもサービスです。うまいんです。

ポップの書き方も、うまかった。「朝切りきゅうり」とか、何だかわからないけど「あら、いいわね」とお客さんに思わせていました。本当に朝切りかどうかはわかりません。だけど、「いいわね」とお客さんの気を引くことが商売では大切です。

「奥さん、トマトを一個サービスで入れとくけん」と、さりげなくおトク感を感じさせる話術にも長《た》けていました。

いつも横目で見ながら「こいつ、ホントにうまいな」と思っていたものです。

仕事は、誰かに教えてもらって覚えるものではありません。「どうすれば売れるんだろう」といつも本気で考えていれば、ふと目にしたものからいくらでもヒントを得ることはできます。八百屋からだって、魚屋からだって、盗めることはいくらでもあるのです。

「これ、使えそうだ」と思ったものは、すぐ真似する。自分でやってみてしっくりくれば、何度も繰り返す。そのうちに自分なりの味が加わり、得意技にまで昇華します。先輩から、上司から、その場の雰囲気から、町の空気から、盗んで、学んで、自分のものにしていくのです。

お客さんの気の引き方も、教わりました。

商店街の前に横断歩道があり、信号が青に変わるたびに、向こうから人がやって来ます。すると社長が「叫べ」というのです。

横断歩道を渡ってきたお客さんが最後の白線を踏んだときに、「いらっしゃいませ、いらっしゃいませ」とまず叫び、そして相手の目を見てなんでもいいから褒めるのです。

「奥さんそのバッグよかね」

「今日はいい天気ね」

話題はなんでもかまいません。相手の目を見て話し、お客さんがこちらに向いてくれた瞬間をとらえて「奥さん、今日はバラが一〇本で三〇〇円」と商売を始めます。

最初のお客さんを引っ張ることも大切です。買ってくれたバラをすぐに渡さず、世間話をし、ほかのお客さんも集めたうえで商売トークを繰り広げて、一気に売る。そんな売り方のコツを習いました。

「いらっしゃいませ、いらっしゃいませ、いらっしゃいませ。金曜日はバラだよ。ハナキンだよ」

ノリと思いつきでトークをしながら、路上で叫んで売る。そして、売り切ることを毎日繰り返していました。

ぼくが貧乏をしているように見えたのかもしれません。大学の友達やマツダオートの上司は、商店街でぼくの姿を見かけるたびに「石原、ちゃんとメシ食ってるか?」「いつでもマツダに戻っていいんやぞ」と心配してくれました。

だけどそのころのぼくは、楽しくて仕方がなかったのです。将来は自分で花屋をやるんだと心のなかは夢いっぱいで燃えていましたから。

見たことのない花に、毎日出会えることも楽しかったし、店先に花を活ければ「うわ〜、上手ね」とお客さんが褒めてくれました。

何よりも、一生懸命になった分だけ、花が売れていくことが楽しかった。

ぼくの営業トークに正気を失って「じゃあ、バラ一〇〇本ちょうだい」と買って行くお客さんもいたほどです。

お客さんがそのとき必要としていないものであっても、こちらが雰囲気をつくれば売れることを、この店で学びました。

順調に歩んでいた花屋修業の道ですが、一年で壁にぶつかりました。

社長の花の売り方は、本当にうまかった。

でも、花束をつくるのがあまり上手ではなかったのです。たとえば、お葬式にスタンド型の花を配達したときなど、その差は歴然としていました。ほかの葬花スタンドのほうが何倍もきれいでしたから。

「こりゃ、いかん。将来、独立して花屋を開くためには、花をきれいに飾る技術も磨かなくては」。路上花屋修業に別れを告げました。

それからしばらくの間は、いろいろな花屋を転々としました。昼の店、夜の店、葬儀専門の店と一日三軒の花屋でアルバイトをかけもちして、勉強を続けました。

## 二五歳の独立失敗

アルバイトであっても、目標がはっきりしていれば、短い期間でたくさんのことを学べます。一軒目の路上花屋で売り方を学び、かけもちをして花束のつくり方などを見よう見真似で体得したぼくは、二五歳で、独立しました。

実家の牛小屋を改造して、「花風《かふう》」という名前の花屋を始めました。花市場で花を仕入れる権利を持っていなかったので、家の畑に咲いている花や市場で少しだけ分けてもらった花を、お客さんから電話で注文を受けて届けたり、長崎の商店街の道端に店を広げたりして売りました。

この路上販売も、正式な許可を取らずにやっていたものですから、警察が来たら逃げなきゃならない。とにかく、よちよち歩きのスタートでした。

けれど、独立するにはまだ早いということだったのかもしれません。一九八二年七月、長崎大水害。長崎の町が集中豪雨に見舞われ、浸水したばかりでなく、土砂災害も多発し、死者・行方不明者が二九九人にもおよびました。

命に別状はなかったものの、やっとの思いで購入した軽トラックが浸水。うちの畑の花も全滅。お客さんに花を届ける車もなく、そもそも届ける花もなく、そのときのぼくにとってての全財産が流されてしまったのです。

一からやり直すしか、なくなりました。

しかし、ひょんな出会いがあるものです。

ぼくの花屋道の土台となる修業先が、見つかったのです。

その日、行きつけの喫茶店で、ぼくは悩みを打ち明けていました。

「マスター、ぼくの夢は花屋を開くことなんだ。一度は独立しかけたのに、大水害ですべて流されてしまって。今のぼくには何もない」

ちょうどそのとき、花屋の社長が二人、その喫茶店に来ていました。ぼくの話が聞こえたようで、「じゃあ、うちに来るか」と声をかけてもらったのです。「花泉《はなせん》」という店の社長でした。

もちろん「よろしくお願いします」と即答です。

花を売ることには自信がある。誰にも負けないつもりです。

花泉では、まず商店街にあった花屋で働き始めました。すぐに売り上げをぐんと伸ばすことができました。

しばらくすると花泉の社長が「石原、夜の飲み屋街で花屋をしようと思うんだけど、どう思う？」と言ってきました。「いいですね。やりましょう」とこれまた即答しました。資金がなかったので、たたみ一畳ほどのスペースしか借りることができませんでした。しかも飲み屋街の花屋は、社長にもノウハウがない。「石原、ここでどうやって花屋をやろうかね」と相談されて、「わからんけど、やります！」と勢いだけで始めたのでした。

毎朝、右手に昼の弁当、左手に夜の弁当を持って出勤です。朝六時ごろから花市場に出かけて仕入れ、夜中の一時まで働きました。休日もなしです。

三六五日、朝から晩まで働いて、寝る時間もろくに取れなかったけれど、まったく苦ではありませんでした。

この飲み屋街の花屋は、たった一畳の広さだけれどぼくにすべてを任せてもらいました。いうなれば、自分の店です。

楽しくて楽しくて。ぼくにとっては、まるでパラダイスのようでした。

## よろずごと相談、承ります

乏しい資金で探した店舗です。立地がいいわけもありません。店の場所は、飲み屋街のメイン通りから路地を二本も入った奥の奥。ずいぶんと奥まったところにありました。店のなかにいては、花屋があることさえ気づいてもらえないような場所。最初はまるで売れませんでした。

売れないからといって、何もしないでいては店がすぐにつぶれてしまいます。自分の置かれた状況で、思いつくかぎりのことをする。それがぼくのやり方です。状況が悪ければ悪いほど、自分に力がつきます。自分がそのときもてるものをすべて駆使して、状況を突破する。全力で、やる。そこから、自分のオリジナルの仕事術が編み出されていくのです。

自分だからできることを、ひとつ、二つと増やしながら、小さな成功体験を積んでいくと、それは次第に大きな成功体験へとつながっていき、「身ひとつで、あそこまでできたんだ」と、その後の自分を支える絶対的な自信になる。

自分に与えられた状況が悪いときこそ、力を蓄えるチャンスとなるのです。

そのときのぼくにできることは、あいさつでした。店の前に立ち、「おはようございます」「おはようございます」と路地に人が通るたびに、とにかく威勢よく、あいさつです。声を出してあいさつすることから、店の存在に気づいてもらおうとしたのです。

そのうちに、バーのママさんから「あんた、よう、あいさつするね」と言ってもらえるようになりました。

しばらくすると「うちの店に飾る花、今度持ってきて」と声がかかりました。チャンス到来です。普段は三〇〇〇円で仕入れているところを聞き、大サービスでものすごく大きな花を持って行くと、「あんた、すごかばい」とママさんは驚いてくれました。

今度は店に勤めるお姉さんたちが、「ねえ、石原さんのところでお花買ってよ。あの人の花は本当にすごいの」とお客さんにおねだりしてくれるようになりました。

大切なのは、目の前のお客さんをとにかく喜ばせること。続けていくうちに、お客さんは必ず増えます。

バーに通う男性のお客さんとも仲良くなっていきました。

「いやあ、店に好きな女の子がいるんよ。でもその子となかなか仲良くなれないんだ」

そんなときこそ「任せてください！」。出番です。

花を贈るお姉さんを、絶対感動させてみせるぞと、「誕生日大作戦」のスタートです。

店のお姉さんの二五歳の誕生日。日付が変わった瞬間の〇時一分に、一本のバラを木箱に入れ、豪華な真っ赤なリボンをかけて届けました。お客さんの書いた熱いメッセージ入りです。

「Aさんから『特別なのを頼む』と言われ、今日、市場で最高のバラを探したんですよ」と大げさに言いながら渡すと、「私のこと、そんなに思ってくれていたなんて」と感激してくれます。実は、大したバラではなかったのですが、ものは言いよう。大げさにアピールをすることで、喜んでもらえるなら、それでいいではありませんか。

その日の夜、今度はAさん自身に二四本のバラを持って店に行ってもらいました。

「昨日、まずは一本だけ届けてもらったんだ。年齢と同じ数のバラを贈ろうと思って、残りのバラを持って来た」。お店のお姉さんは、二度感激です。

そんなことを続けているうちに、いろいろな相談事が舞い込むようになりました。

「石原なら、なんとかしてくれる」

そう思ってもらえるようになっていったのです。

「最近、かあちゃんとうまくいかん」

「社長、それは帰りが遅かけんでしょう。奥さんの誕生日に花ば持っていかんと」

ぼくに任せてくださいよと、奥さんの誕生日に花束を家に届けます。

「いつもご主人には大変お世話になってまして。お礼の代わりに花を持って来ました。ご主人に奥さんの好きな花を聞いたのですが、ご存じないようで。でも、ご主人がいつも奥さんのことをぼくに話して聞かせるので、奥さんはこんな人だろうというイメージがありまして。この花を持って来たんです。実際お会いしてみて、想像どおりでした」とかなんとか言いながら、ご主人が奥さんのことをいつも褒めちぎっていると、奥さんに聞かせるわけです。

その後、夫婦仲がぐっとよくなったのは言うまでもありません。

四六時中、どうすれば目の前のお客さんを喜ばせることができるのかと考えていました。花束をつくるときも、目の前のお客さんをとにかく感激させる。出来上がった花束を見た瞬間に「きゃ～」とか「すごい」とか思わず声がもれるようなものをつくるのです。

花束を贈るというお客さんなら、贈る目的を聞いて知恵を絞ります。知恵は思いつきレベルのことでいいのです。

「こうしたら喜ぶかな」「ああしてみたら、どうだろう」と考えをどんどん膨らませ、そのときできる最大限のことをする。

花を贈った相手が感激してくれれば、お客さんはこう思ってくれます。

「困ったときは石原じゃないと、ダメだ」と。

このころ、ぼくは銅座のカール・ルイスと呼ばれていました。いつもいろいろな相談事が舞い込み、走って花を届けていたからです。

店の店員はぼく一人だったから、配達中は店番がいません。近くのスナックのマスターに「悪いけど、お店を見とってよ」と言って、いつも店番をしてもらっていました。

相談事だけでなく、いろいろな頼まれごとも舞い込みました。引越しの手伝い、会合のメシ炊きなど花屋とはまるで関係のないことです。飲み屋街のよろず屋と思われるのは光栄なことだと、なんでも引き受けていました。

おかげで、ぼくの人生での大事な出会いもありました。

お客さんから「大学のＯＢたちとの集まりをやるから、メシ炊きに来てくれ」と言われて出かけた先で、妻と出会ったのです。パッと見た瞬間、「うわ、かわいい」と一目ぼれ。電話番号をなんとか聞きだしました。ただし、自宅ではなく、彼女の勤務先である証券会社の電話番号でしたが。

さっそく電話をしたところ、「会社に電話をかけられては困ります」とつれない返事。まったく相手にしてくれません。だけどぼくは、しつこい。めげません。

会社が終わってから、一度食事でもと言っても、「その日はテニスがあります」「友達と会う約束があります」と、取り合ってくれません。それでも月に一、二度の電話を半年間続けました。

だけどさすがのぼくも、もうダメかなと思い、最後の電話をかけました。

「オレが花屋だから、会おうとせんのやろ。だけど一回、会うだけ会ってよ。それでダメだったら電話もせんし。一回だけ会って、ね」

ぼくの思いが届いたのか、それとも一度会ったらしつこさから解放されると思ったのか、とうとうデートにこぎつけました。

喫茶店で待ち合わせをして話をしながら、とにかく次につなげるためのきっかけを探しました。

するとき彼女がふと、「私の友達がね、自転車に乗れないの」というので、ここぞとばかりに「ぼくに任せてよ。自転車？　得意中の得意。教えてやるけん」と調子よくしゃべったおかげで、次のデートにこぎつけることができました。

二回目のデートは、彼女は友達を連れて来て、ぼくも男友達を連れて二対二です。公園に行って自転車の練習をしました。

その公園には貸しボートがあり、「天気もいいし、気持ちがいいよ。乗ろう乗ろう」と言って二人っきりになることに、成功。

ボートを漕ぎながら、たずねました。「好きな花って、何？」。彼女は、フリージアだと言いました。

フリージアは四月の花です。夏には、出回りません。

それでも四方八方手を尽くして手に入れました。人生の一大事ですからね。

自分が直接持って行って渡すのは格好がつかないなと思い、ぼくは彼女にあてた熱いメッセージを書き、後輩に頼んで届けてもらいました。

思いが通じたのか彼女から電話がかかってきて、それから会うようになりました。二七歳の夏でした。

## すべては結婚のために

飲み屋街の小さな花屋は、月に三〇〇万円もの売り上げをあげるまでになっていました。社長からは「お前、ここに一生おれ」と言われていました。飲み屋街の花屋がもうかって、社長はビルまで建てましたから。

当時のぼくの給料は一八万円、ボーナスなし。一人で生活するには問題なかったけれど、結婚をするには……障害でした。

証券会社に勤めていた妻は事務職だったけれど、ぼくよりもずっと給料がよかった。バブル期だったこともあり、妻はボーナス一回分が八〇万円。一方ぼくは、年収がギリギリ二〇〇万円を超える程度です。

結婚は、妻の両親から猛反対されました。

花屋では、結婚したって生活できるわけがない。結婚を許すわけにはいかないというのです。「もう娘には電話せんでくれ。会わないでくれ」と追い返されました。

「将来必ず独立します。彼女を必ず幸せにします。だから結婚させてください」

何度も何度も頼み込み、やっと許してもらったのです。

社長にも、事情を話してお願いしました。

「好きな子がおるんです。食べさせなきゃいかんから、本当にお世話になったけど、独立させてほしいんです」

自分の花屋を開くためには、花市場に入れてもらわなければなりません。花市場に新規に入れてもらうために、社長からの紹介が必要だったのです。

しかし、社長には、結局許してもらえませんでした。これ以上、交渉しても無理だと思ったぼくは、「わかりました。すみませんが辞めさせてもらいます」と花泉を去りました。

でも、感謝しています。

店を任せてもらったことで、花屋の仕事の楽しさを知ることができたのですから。

## 念願の独立

社長に保証人になってもらえなかったため、花市場に入ることができません。だけど、どうしようかと頭を抱えていても、仕方がない。行動あるのみです。

二九歳で独立し、道端でぼちぼち花屋を始めました。

市場に入れないから、直接、生産者のところにアタックしに行きました。

でも、お金がない。

「すみません、今お金がないので免許証を預けます。花を売ってお金ができたら、夕方には持ってきます。バラを五〇本、分けてください」とかなり無茶なお願いをして、売ってもらっていました。

仕入れルートがないから、実家の周りにヒガンバナが咲いたら切って集め、知り合いの花屋にも「いつもすみません」と言って、花を少しずつ分けてもらいました。

探して回ってちょっとずつ集めた花を、長崎の町の路上で売っていたのです。

六年間の花屋修業で身につけた売り方には自信があった。花はすぐ売れました。飲み屋街のママさんたちから鍛えられ、人目をひく花束もつくれるようになっていました。

でも、花を売る腕はあっても、肝心の花がない。

花さえ手に入れば、もっともっと売れるのにと何度思ったかわかりません。

銅座の飲み屋街の任された花屋でぼくは目立っていました。だから、前に働いていた花泉の社長からも、ほかの花屋からも「あいつに店をやらせたら、何をするかわからない。市場に入れるわけにはいかん」と警戒されていたのでしょう。絶対に、負けるもんか。

しかし、縁とは不思議なものです。

学生時代に新聞配達をしていたときに知り合ったすし屋のおやじさんから、「石原、最近どうしてるねん」とたまたま電話がありました。

「実は花屋をやりたいと思ってるんだけど、花市場に入れなくて大変なんです」と話したところ、「そんなこと簡単だ。オレが入れてやるよ。花市場に知り合いがおるから」と言うのです。

ぼくが学生時代に新聞配達をしていたのは福岡県の久留米市です。紹介してもらった花市場も久留米市にありました。

当時、長崎から福岡県久留米市までは、高速道路も通じておらず、片道一六〇キロの道を一般道を走って通いました。朝は三時間で行けます。でも、花を仕入れて帰って来る時間帯には道が込み始め、帰りは四時間かかることもざらでした。

それでも車のなかで寝泊りしながら、二日に一度、花を仕入れに通いました。

遠くまで仕入れに行くことの収穫もありました。長崎にあるほかの花屋とは、仕入先がちがいます。そのため、ほかの花屋にない花を店先に並べることができたのです。

久留米の花市場に、軽トラックを乗り付けて、初めて仕入れに行ったときのことは、今でも忘れられません。すぐにポンと入れてもらえたのです。拍子抜けするくらい簡単に。

二一七という番号をもらい、堂々と花をセリで買えたのです。

涙が出るほど、うれしかった。

市場には、花が山のようにあります。

ずらりと並んだ花を見渡したとき、「ぼくなら、全部売り切れる！」という気持ちがして、興奮して端から、「その花、全部買いだ」と声を張り上げました。

花に飢えていました。目にする花すべてがほしくなった。

花さえ仕入れられれば売れるのにという一年間の心の叫びが、一気に炸裂したかのようでした。

興奮のあまり大量に花を買い込んだものの、車は軽トラックです。とても納まりません。

助手席は、積み込まれた花であふれかえり、屋根にもボンネットにもこれでもか！というくらい花をくくりつけ、まるで動く花畑となった軽トラックで、嬉々として帰路につきました。

途中、ガソリンスタンドに寄りました。店員さんが心配そうに話しかけてきます。

「なんですか、これ？　どうしたんですか」

つい、ぼくの花屋魂が顔を出します。

「このスイートピー、一本二〇円ですよ。どう思います？」

「え～、安いね～」と驚いた店員さんの声に、顔をのぞかせたガソリンスタンドの奥さんに、

「積みきれなくて困ってるから、おまけしますよ。どうです？　五〇本で一〇〇〇円」

「安いわ～。ちょうだい」

と売ってしまったのです。

次に、昼食のために寄った食堂でも、定食を運んで来た店員さんに、「奥さん、今日はバラが安かよ。仕入れたばっかりの新鮮なバラ。長くもちますよ」と、お買い上げいただきました。

さらに車を走らせていると、花屋が目に飛び込んできました。置いていない花があるぞ

と車を止めて「奥さん、今日リンドウをたくさん買いすぎちゃってね。安くしとくけん」と、花屋さんにまで売りました。

あっちに寄り道、こっちに寄り道しながら、とうとう長崎に着くまでに半分の花を売ってしまいました。

セリで五〇本五〇〇円で仕入れた花を、一〇〇〇円で売る。寄り道の最中に倍がけで売っていたので、半分売れた時点で、仕入れ値分は回収済み。長崎で売る分は、すべて利益になる計算です。

長崎で一番の商店街の路上に店を開いたときには、もう売りたい放題、やりたい放題。いくら安くしたって、いくらおまけしたって、マイナスにはならないのですから。

「いらっしゃい、いらっしゃい。今日は花が安いよ〜。大サービス。バラが三〇本で五〇〇円。カスミソウもあるよ。こりゃ買わなきゃ、損するよ」

それはもう、飛ぶように売れていきました。

軽トラックに積みきれないほどの花を乗せ、寄り道しながら半分売り、長崎で大サービスという商売をしばらく続けていたら、「面白い花屋がいるぞ」と評判になり、長崎のテレビ番組に取りあげてもらいました。

通常、花屋の商売ではバラは一本二〇〇円、スイートピーは一本八〇円で売るものと相場が決まっています。だけどぼくは、仕入れ値に合わせて花を売りました。

とにかく安さで勝負です。

ほかの人が買わないような花を安く仕入れて、安く売る。

桃の節句が過ぎたころに、桃の花を売るようなものです。母の日が終わったあとのカーネーションもそうです。市場で値のつきにくい穴場を見つけて、「この安さなら売れる」と思ったものを仕入れていたのです。

軽トラックが、箱バンになり、普通車のバンになり、二トンの保冷車になり……と、わずか半年のうちに車がどんどん大きくなっていきました。

市場の人から心配してこう言われたものです。

「石原、大丈夫か？　お前、カスミソウを食べてないか？　こんなに大量の花を、いつもどうしてるんだ」

短期間のうちに買う量がどんどん増えていくものだから、不思議でならなかったようでした。

しかし、花の路上販売にも、限界が訪れました。ぼくがテレビに出たりするものだから、とうとう警察がやって来たのです。

「お前、道路使用許可を持っているのか？」

ぼくは言いました。

「隣の煮干屋さんも、乾物屋さんも、許可証持ってないですよ」

だけど、通用しません。当たり前です。

「お前の商売は、無許可でやるには派手すぎだ。通報も、来とるんやぞ」

半年間の路上販売に幕を下ろすことになり、ぼくはまた新たなスタートを切ったのです。

## 路上卒業。一畳花屋の開店

路上で花を売ることができなくなったため、ぼくはさっそく市場調査を始めました。まあ調査といっても、不動産屋回りです。

だけど、「いいな」と思う場所は、店舗の家賃がとにかく高い。ひと坪八～一〇万円もするのです。とてもじゃないけれど、店を開けません。

街を歩きながら、さて、どうしようかと思っていたら、缶ジュースの自動販売機が目にとまりました。

「こんな一等地に自動販売機が置いてある。この販売機の売り上げは、いったいいくらだろう」

さっそく、自動販売機にジュースを補充していたお兄さんを捕まえて、聞き込みました。

「この販売機、月にいくら稼いでいるの？」

すると「五万円」だと言います。月五万円出せば、この場所を借りられる可能性があるかもしれない。

まず、不動産屋に相談してみました。

けれど「この土地のオーナーは名士だから。そんな用件じゃあ、この人に会うのは無理とよ」と取り合ってもらえません。

こうなれば、正面突破です。

せっかく思いついたアイデアなのだから、最後までやってみないともったいない。一、二度断られたからと、途中でめげてやめてしまっては、何も行動に移さなかったのと同じこと。断られても、うまくいかなくても、あと一歩粘ってみるのです。

最後まで挑んだ人だけが、目の前のチャンスをつかむことができるのです。

最後まで行動して、一度、小さな成功を味わえれば、それが「大丈夫、なんとかなる」と粘り続ける原動力となり、次に現れた壁が以前のものより高くとも、乗り越えられるようになるのです。

ぼくは土地のオーナーを調べて、直接電話しました。

「社長、ものすごくいい話があるんですよ」と、持ちかけました。自動販売機を置くデメリットを伝えることも、もちろん忘れません。

「あの自動販売機、マズイですよ。夜はバイクやら何やらが集まってくるし、ゴミは捨てられるし。自動販売機を置いておいても、いいことありません。代わりに、花屋にしたらきれいだし、雰囲気も何十倍もよくなりますよ」

ほんの少しもうけ話も加えました。

「自動販売機のもうけは、五万円と聞いています。ぼくに月五万五〇〇〇円で貸してもらえませんか？　立ち退きも、出ろと言われたらすぐ出る条件でいいですから」

こうして、自動販売機を押しのけて、ぼくの屋根付きの花屋一号店をオープンさせたのです。

「風花《かざはな》」と名付けた店で、再び、たたみ一畳の広さからのスタートでした。

花を売るのは得意中の得意です。しかも場所は一等地。

以前にもましてどっさり花を仕入れて、売って売って売りまくりました。

屋根付き簡易店舗は、ちょっとしたスペースさえあれば、一日でつくれます。

ビル横の自動販売機スペース、マンション前のゴミ置き場、ビル内一階エレベータの前の空きスペースなど、一畳ほどの広さの場所なら、どんなところでも翌日から開店可能。

カーポートのような簡易屋根と簡単な壁をつくってシャッターを付ければ、出来上がり。

自転車を一台置くのさえやっとの場所に、店を開くなどという発想は誰もしていなかったから、長崎で一番地価の高い浜の町商店街でも、長崎一の飲み屋街の銅座でも、「この場所、最高にいい」とピンとくるデッドスペースはいくらでも見つかりました。

「どうにか店を出させてくれませんか」と花を持って日参し、拝み倒してOKをもらった店もいくつもありました。そして、二号店、三号店、四号店……と店を増やしていきました。

そのうちにふつうの店舗も借りられるようになり、二年で、浜の町商店街と銅座の飲み屋街に、合計三〇店舗の風花をオープンさせることができました。

浜の町商店街と銅座の飲み屋街は、大通りを挟んで向かい合っています。商店街の端から銅座の端まで歩いても、せいぜい五、六〇〇メートルほどの距離です。

直径二〇〇メートルほどのエリアに飲み屋が密集している銅座の二本のメインストリートは、町を歩けばいたるところに風花ありといった具合です。路地の四つ角のうちの三つの角に店を開いたところもありました。ちょっと離れているなと思っても、五〇メートルも歩けば、風花があります。同じ風花の店舗同士で、「負けられない」と競争する光景もありました。

ぼくは独立するときに、決めていました。

「一年で、長崎一の花屋になってやる」

それが二九歳で抱いたぼくの最初の夢でした。

客観的に見れば、とんでもない話です。

最初は、無許可で出した道端の花屋です。コイツは何を言うのだと、聞いた人は思っていたにちがいありません。

だけど、悔しかったのです。地元の花市場に入れてもらえず、花を売ろうにも花がない。花屋修業中からちょっと目立っていたぼくは、出る杭は打たれるという状況に置かれたのだと思います。

自分の置かれた状況がどんなものであろうとも、「絶対に負けないぞ」と悔しさをエネルギーに変えて、立ち向かっていけるかどうか。ここが大きな分かれ目のひとつでしょう。

ぼくは、「絶対に、負けないぞ」と思った。見返してやりたかった。

だから、長崎一の花屋に、何がなんでもなってやると誓った。

逆境にこそ、チャンスあり。

当時を振り返ると、しみじみと思うのです。

長崎の地元の花市場にすんなり入れてもらえていたら、あれだけ奮起できただろうか。長崎一になってやるという大目標など立てることなく、妻と二人で、ほどほどの花屋で満足していたかもしれません。

車で寝泊りしながら往復七時間かけて久留米市の市場まで仕入れに通ったあの道を走りながら、いつも「絶対に、負けるもんか」と思っていました。しんどければしんどいほど、「長崎で一番の花屋になって、見返してやるんだ」と心を奮い立たすことができました。悔しさをバネに、一二〇パーセントの力を出すことができたのです。

悔しかったあの日々は、ぼくにとってかけがえのない宝物です。

ゼロスタートだったからこそ、工夫やアイデアも生まれました。

何もない。だけど、ぼくはいる。じゃあ、発想すればいいじゃないか。

売る花がないなら、家の近くに花を切りに行けばいい。親父の畑で育てればいい。花屋に花を買いに行ったっていい。

置かれた状況のなかで発想して、できるかぎりのことをすべてする。状況を打破するために、まず発想し、全力で実行する。ぼくの仕事スタイルの基盤は、逆境が培ってくれたのだと思います。

お金はないけど、一等地に花屋を出したい。まずは無許可の路上販売だ。それがダメなら、自動販売機を押しのけろ。

これらは、ぼくだからできたことではありません。何もなかったから、発想しただけのことだったのです。

## 花で伝説をつくる

屋根付き一畳店舗を持ってから一年。本当に長崎で一番の花屋になりました。

店を増やすたびに、社員やアルバイトが増えていきました。

なかには、水くみ係のアルバイトもいました。水をもらってくるのが仕事です。店があるのは、通りに面したビルの壁際の小さな空きスペースです。水道があるはずもありません。だから、水をもらいに行くわけです。

ピンポーンと、近くのお宅の呼び鈴を鳴らし、「すみません、水もらえませんか?」とお願いするのが仕事です。「花屋なのですが、水がなくて。お礼に花を差し上げますから」と言って水を分けてもらっていました。どうしても水が手に入らない店舗には、一八リットルのポリタンクに入れた水を、スクーターで配達して回りました。

あれから二〇年。水くみ係のアルバイトをしていた男が、今、長崎風花の社長です。

花は、とにかく売れました。

売れた秘訣は、たったひとつ。目の前にいるお客さんを、全力で喜ばせ続けたこと。

花屋を開いたばかりのときに来た、若い男性のお客さんのことを、今も鮮明に覚えています。「福岡にいる彼女に誕生日の花をどうしても贈りたい」という依頼でした。長崎—福岡間は一六〇キロ。男性が注文したのは、三〇〇〇円の花束でした。

「わかった」と店を閉め、ぼくは車を走らせました。高速道路もありません。一般道を、ひとつの花束を届けるために、四時間、ひたすら走りました。

福岡に着いたのは、夜、かなり遅い時間になっていました。

ピンポーンと彼女の家のチャイムを鳴らし、「Aさんからのプレゼントを届けに来ました」と言って、出て来た彼女に花を渡しました。

その瞬間、彼女は泣いていました。つられてぼくも泣きました。ピンクダイアモンドというとてもきれいなチューリップでした。

もうけだけを考えたら、こんなことはできないでしょう。三〇〇〇円の花束を何時間もかけて届けるわけですから。

けれど、この花束は人生の忘れられない思い出として深く刻まれる。贈られた人も、贈った人も、生涯忘れないはずです。ぼくにとっても、同じです。ぼくは死ぬまで、「あのとき花束を届けに行って、本当によかった」と思い続けることができるし、このエピソードを人に話し続けるでしょう。

全力で、喜ばせようと思ってやったことは、伝説になるのです。

いろいろな伝説をつくってきたつもりです。

高校生の男の子から、「好きな女の子がいるのだけれど、卒業するまで気持ちを伝えられなかった」という相談が舞い込めば、想いを伝えるメッセンジャーになりました。

彼に書いてもらった彼女へのメッセージを携えて、ぼくがバス停で女の子を待ち伏せし、彼女が現れたとき「B君からです」とだけ言って花束を渡し、走って逃げました。

その二人が、その後どうなったかまではわかりません。それでも、大人になった今でも、「高校生のときに、こんなことをしてさ」と誰かに語っているかもしれません。忘れられない一コマになっていることでしょう。

あるときは、飲み屋をカスミソウで埋め尽くしたこともありました。

「バーのママさんの誕生日に、花を贈りたい。一万円しか出せないけれど、ママを喜ばせたいんだ」というお客さんからの依頼でした。

ママさんは花をもらい慣れていますから、高い花をあしらった豪華な花束を届けたところで、ちっとも驚いてはくれません。そこで、ちょうど安く仕入れていたカスミソウで、サプライズを仕かけることにしたのです。使ったカスミソウは一〇〇〇本。

でも、一度には持って行きません。

「こんにちは。お花を届けに参りました」

第一便を配達した五分後、また「お花を届けに参りました」と配達します。

相手は「また来るの？　また来るの？」と驚きます。

「お客さんがね、うちのカスミソウを全部買い占めたんですよ。本当にママのこと、好きらしいですよ」

合計で二〇回ほど配達したでしょうか。届くたびに、店内はカスミソウで埋まっていきます。そして最後の便を届けたときには、店じゅうがカスミソウで埋め尽くされました。

「花を売らずに、夢を売る」

二九歳で店を開いたときに、決めたことです。

花をモノとして売るのではなく、「あのときのカスミソウが忘れられない」と思ってもらえるような、花をもらったことが心に刻まれるような仕事をしたいと思ったのです。

風花という社名に決めたのも、

「花の命も人の命も短いけれど、心に残る感動は永遠」

という意味を込めたからです。

もし、あなたが月明かりの下で、雪が風に舞うようにちらちらと降る風花を見て、感動したとします。その風花は、永遠に心に残ります。好きな人と一緒に見たなら、なおさらでしょう。

花で、どんなことができるのだろう。ぼくは、いつも考えてきました。

花束をもらったこと、贈ったことが、ほんの小さな記憶でもいいから心の片隅に残るようなものとなるには、目の前にいるお客さんに何をすればいいのだろうと思いながら、花を売り続けてきたのです。

心に残る花束に出会ったことのある人は、誰かに何かを伝えたいと思ったとき、「花を贈ろう」と思うでしょう。

花屋の仕事とは、そういうものだと思うのです。

東京を拠点に活動している今でも、「石原、もうすぐ妻の誕生日なんやけどな」と長崎のお客さんから電話がかかってくることがあります。

そのお客さんは、ありがたいことにぼくでなければダメだと思って連絡をくれたのです。「東京にいるんだから、もう勘弁して」と、内心、悲鳴をあげつつも、「わかりました」と七〇〇〇円分の花を持って飛行機に乗り、長崎まで花を届けたこともありました。時間がないから長崎空港で花を挿して、届けたのです。

バカバカしく思えるかもしれません。けれど、ものすごく大事なことです。

ここまでやった仕事は、伝説になる。「え？　東京から持って来てくれたの」と感激してくれたお客さんは、生涯ぼくのお客さんであり続けてくれます。そして、「石原はすごい。あの花屋はすごいんだよ」と、ことあるごとにぼくの話をしてくれるでしょう。

感動してくれたお客さんが、ぼくの営業マンになってくれるのです。

みなさんには、「自分の伝説」を伝えてくれる人は、何人いるでしょうか。

これは何の商売でも言えることです。

コンピュータの営業マンがお客さんにコンピュータを届けるとき、たまたま雨が降ってきたとします。そのとき、雨でずぶぬれになった姿で「持ってまいりました」と届けたら、その瞬間、届けられたお客さんの心は揺さぶられるはずです。

「うわ、こんな雨のなか、本当にありがとうね」という気持ちがわき、ここまでしてくれるのだから、また次もこの人に頼もうと思うことでしょう。

ほんのちょっと、いつもよりもオーバーアクションでお客さんに接してみる。

注文を聞いた瞬間に、配達に走れば「うわ、早いのね」とお客さんは喜びます。

「とにかくお急ぎだというので、ぼくが直接お届けしました。いつもは、配達屋さんにお願いするのですが」と、少し大げさにアピールします。

よく「これだけしたのだから、わかってくれるだろう」と思っている人がいますが、実は言葉にしないと何も伝わりません。自分のやったことを少し大げさに伝えることは、お客さんの感激を生みます。リップサービスも、立派なサービスのひとつなのです。

お客さんから喜ばれないかぎり、生き残ってはいけません。それに、喜んでもらうことは、とてつもなく楽しい。

だから、いつも考えるのです。

目の前のお客さんに、どうすれば喜んでもらえるのかを。

## 人が買わないものを安く売る

徹底した安さで花を売ることも、目の前のお客さんを喜ばせる方法のひとつでした。

当時、多くの花屋はあいかわらずの「バラ一本二〇〇円」と相場を崩さない商売をしていました。今でも花屋のほとんどが、「原価に利益を乗せる」という発想で、バラが何本、ガーベラが何本、カスミソウが何本で、この花束は三〇〇〇円という商売をしていると思います。

けれど、原価に利益を乗せて一本いくらで売るというスタイルで、お客さんが感動してくれるような花束をつくれるわけがありません。

風花は、安さと量、派手さで勝負しました。

一〇〇〇円で、ほかの店の五〇〇〇円の花束を超えるものをつくるのです。五〇〇〇円の花束を三〇〇〇円で売ったところで、意味はありません。お客さんから見れば、さほどの差は感じないからです。

目の前に出された花束を見て、「え？　本当にこれで一〇〇〇円？」とお客さんが驚くような花束をつくれと社員にいつも言い、とにかくぶっちぎりの安さで勝負していました。向こうが一本二〇〇円で売っているなら、こっちは五〇円、一〇円といった具合です。そこまで差をつければ、お客さんは絶対にうちで買ってくれます。ほかの店は、とても太刀打ちできないというほどの差をつけなければ、ダメなのです。

なぜ、こんなことができたのか。

ほかの店が買わない花を、安く大量に仕入れていたからです。

花市場には、一級品、三級品といった区別があります。同じバラでも、ものすごくきれいな花は一級品、ちょっと曲がっているとか形が悪いと三級品になります。だけど、「この花は一級品、あの花は三級品」という区別は、花屋なら識別できたとしても、一般の消費者にはわからない程度のものです。なのに花屋は一級品ばかりを仕入れていて、消費者の目で値段を決めていませんでした。

日本では、ちょっと曲がった花は、値段がなかなかつきません。葬式で飾る菊は、まっすぐじゃないといけないし、曲がっているとたしかに挿しにくい。

けれど、家の仏壇に飾る花なら、曲がっているところを切ってしまえば飾れるし、多少曲がっていたとしても、さしたる問題はありません。

曲がっているバラは、大きな花束をつくるのには向かないけれど、短く切ったものをたくさん集めて小さいブーケにすれば、なんの問題もなくなります。

花を仕入れるときに、ふつうは「どのくらい売れるかな」と考えるでしょう。

ぼくは、逆です。値の下がった花を見たときに、「これなら、売れる。全部買っても、売れるな」と考えます。「どのくらい」なんてことは、一切考えません。

カスミソウが一本一〇円で仕入れられれば、五〇〇円でそりゃものすごい量になります。利益を一〇円のせて二五本を五〇〇円で売ったって、抱えきれないくらいの量です。

「これは激安だ」と誰もが買うでしょう。

あの花屋は、とにかく安くて、すごい量だと伝説のレベルにまで思ってもらえれば、口コミで店の評判はあっという間に広がっていくのです。

キクが咲きすぎて、キクの値段が暴落したことがありました。

花は時期になると一斉に咲きます。開花調整をすることはなかなか難しいのです。すると市場に、同じ種類の花が大量に出回り、値段が下がります。マーケットで暴落が起こることはよくある現象です。

キクの値段が暴落したときは、キク一本一円〜二円で仕入れられました。その安さを目の当たりにしたとたん「これは売れる！」とピンときました。売値を一本一〇円にすれば、一〇本で一〇〇円、二〇本で二〇〇円です。この安さで売れないわけがない。

ぼくは日本全国の市場に電話をしました。大阪の市場にも、東京の市場にも「送料込みで一本五円で、全部買います」と伝えたところ、全国各地からキクの花が届きました。どんどん、どんどん届きます。その量のすごさといったら。

途方に暮れた店の従業員が、ぼくに言いました。

「社長、こんなに大量のキク……どうすればいいんでしょう」

ぼくは従業員たちにはっぱをかけ続けました。

「墓参りに行ってもらえ。プレゼントにしてもらってもいい。ヨーロッパでは誕生日に、キクを贈るのが当たり前なんだ」

なにしろ一本一〇円です。五〇本で五〇〇円。一〇〇本で一〇〇〇円。

買ったお客さんも大変です。安いわ〜といって買ったはいいものの、一〇〇本のキクといったら……花束を抱えれば前は見えないし、重いし、まともに歩けない人も出ました。警察も来ました。なにせ店に入りきらずに、路上はキクだらけです。

「ホントにすみません。仕入れすぎてしまって」

始末書に署名して、捺印して……すっかり慣れっこです。

店をカスミソウで埋め尽くしたこともありました。

店内も、路上も、すべてカスミソウで埋め尽くされた光景は、まるでカスミソウ畑がそこに現れたかのようで、店の前を通りかかった人たちが、次々に「うわ〜。きれい。すごい」と感嘆の声をあげていたし、自分でもうっとりとしてしまうほどでした。やっぱり、警察に叱られましたが。

仕入れでは、三〇店舗のスケールメリットも存分に生かしました。

市場のセリで花の値段が下がってきても、ほかの花屋は五〇本、一〇〇本といった単位でしか仕入れられません。値が下がるということは、そこにある花を早くさばきたいわけです。

うちの店なら、全部買うことができます。そのため下がってきたときに「一本五円で、全部ちょうだい」とこちらの指値《さしね》で仕入れることができました。

最初は軽トラックでスタートした仕入れでしたが、すぐに軽バン、普通車のバン、二トン車と車がどんどん大きくなり、最後には一〇トン車二台をチャーターして仕入れに行くこともありました。

鉢物だって、安ければぼくはすぐさま三〇軒の店舗の様子を頭に思い浮かべ、「よし、シクラメンを一万鉢買っちゃおう」と即決します。

一畳花屋にトラックがやって来て、だ〜っと鉢を降ろしていきます。「道が花でいっぱいになっている」と警察に通報が行き、警察がやって来ます。

「すみません、仕入れすぎちゃって。こんなに来るとは思わなかったんです」

とまあ、こんな具合で花を売っていました。

店の従業員も大変です。なにしろ、朝、大量の花が届きます。とうてい店舗に入るような量ではありません。お客さんが「こんなにたくさん、どうするの」と心配するくらい、店に花をどーんと置きます。花を売らないと、その日、店にシャッターを下ろすことができません。泣き落としをしてでも、なんでもいいから買ってもらえと言っていました。

仕入れは二日に一回です。一日分の花を売って店を閉めても、まだ残っています。翌朝、シャッターを開けるとバラバラバラバラッと花が落ちてくる。そんな具合です。

バラが安いときは、バラ一本一〇円。ポップに書いて張り出して「バラ、一本一〇円だよ」と叫んだ瞬間に、人だかりができます。飛ぶように売れます。花屋さんの奥さんも、生け花の先生も、店が開いているはずの飲み屋のママさんも来ます。花屋さんまで買いに来ます。もう、店は戦場です。お客さんも、店の店員もパニックになるほどごった返しました。

花が売れない日。そのときも、一本一〇円作戦です。

バラはもちろんのこと、カサブランカやらユリやら、高い花もなんでも一〇円。

「本日一〇円！」

そのポップを掲げた瞬間、人がごった返して、すぐ売り切れ。

困ったときの一〇円セールをした日は、たしかに赤字は出るものの、店は空っぽ。在庫がすべてはけます。

次の日にはまた大量に花が入ってくるわけですから、それでいいのです。毎日商売をしているのだし、もうかる日もあれば、在庫を一掃する日もある。トータルでもうかれば、いい。

とにかく安く仕入れ、お客さんが驚くほどの値段で売る。花束は、お客さんが思わず「きゃ〜っ」と悲鳴をあげるほどのボリュームで勝負する。

毎日、花を売り続けているうちに、「花を飾る習慣」と「花を人にプレゼントする習慣」が長崎の町に広がっていったようです。

そしてぼくが独立して三年後。

市民の花の消費量日本一に、長崎がなったのです。

## 五坪の花屋が、面積あたり売り上げ日本一に

当時の花屋は、なんといっても立地が命でした。花束をつくる技術よりも、場所です。だから、一等地に安い賃料でどんどん店を出していました。

なかでも、一番出したかった場所がありました。花屋修業を始めたとき「いつか、ここに花屋を出したい」と思った夢の場所です。

銅座の飲み屋街の入り口。ひときわ目立つ思案橋のテナント。長崎でもっとも地価の高かった場所のひとつでした。

店舗数が増え、売り上げが順調に伸びて自信がついたとき、いよいよ夢の場所に店を出

したいと、行動を開始しました。

そこには、ドーナツ屋さんが入っていました。

いつものように「すみません、この店を売ってもらえませんか」と直接お願いしに行ったとたん、「出て行け！　お前は今後一切、出入り禁止だ」とすごい剣幕で怒られました。

実はそのドーナツ屋さんは、ぼくがお願いに行った日の前日に、オープンしたばかりだったのです。まったく知らなかったとはいえ、縁起でもありません。「ふざけるな」と怒号を浴びせられるのは当然でした。

それでも若かったぼくは、テナントのオーナーのところにも出向いて、訴えました。

「町の顔にもなる思案橋のこの場所には、絶対に花屋が似合います。ドーナツ屋では、きっと売れません」

しばらくたって、ドーナツ屋は閉店。ぼくのところに真っ先に電話がかかってきました。

しかし、このテナントが高かった。土地を買おうというのではありません。長崎で店を借りようとしているだけです。それなのに、権利金が二一〇〇万円というのです。加えて敷金が七〇〇万円。たった五坪の店です。一〇〇年はたっているような古い建物です。なのに、改装費用も含めると五〇〇〇万円かかる計算です。

いくら店がもうかっていたとはいえ、そんな資金は、どこにもありません。

当時、取引していたのが九州銀行（現・親和銀行）でした。二九歳で花屋を始めたとき、どの銀行もぼくにお金を貸してくれなかったなかで、ひとつだけ「あなたは面白い」と言ってくれたのが九州銀行でした。トラックを買う代金の三〇〇万円ほどを借りて以来、九州銀行に毎日バイクで走って行って店の売り上げを入れました。

その取引先の九州銀行からも「五〇〇〇万円はどうしても無理です」という返答。それはそうです。自動販売機を撤去した一畳花屋とはスケールがちがいます。

だけど、店舗を借りるかどうかの返事を、すぐにしなければなりません。

悩んでいても、事態は変わらない。こんなときこそ、行動あるのみ。

取り急ぎ、テナントの目の前にあった十八銀行に飛び込みました。

「支店長、金ば貸してくれんですか」

支店長は言いました。

「いくら？」「五〇〇〇万円です」

「担保は？」「ぼくです」

これまで歩んできた道のりを、切々と語りました。

仕入先もないまま無許可の路上販売からスタートし、自動販売機のスペースで屋根付きの店を持ち、何軒も店舗を持つようになったと、ぼくの歴史を語り尽くしました。

通帳を見せ、

「毎日、これだけの売り上げを入れ続けました。今、これだけの貯金があります」

必死でした。

「だけど石原君、五〇〇〇万円は無理ですよ。保証人はいるんですか？」と支店長からたずねられ、

「保証人は、いません。ぼくのこの体が担保です」と言い切りました。

すると支店長が言ってくれたのです。

「わかりました。石原君に貸してみよう」

熱意が通じたのです。熱意で正面突破ができたのです。

ぼくは急いで、テナントのオーナーのところに行きました。

銀行で借りたお金を、体中のポケットに詰め込んで、バイクを走らせて「権利金二一〇〇万円を持って来ました」と社長の目の前に現金をドンと置きました。

長年の夢が叶った最高の瞬間でした。

その足で店に戻り、従業員全員を集めてこう言いました。

「五〇〇〇万円の借金をして、店を借りた。最高の場所だ。絶対に、売れる。この店はキーポイントになる。だけどもし失敗したら、路上販売からの再スタートをすることになる。それでもみんな、ついて来るか?」

「社長、やりましょう。絶対ぼくたちはついて行きます」

みんながそう言ってくれ、第二幕を開くにあたっての最高の勇気をもらいました。

思案橋の花屋を始めてみると、予想以上の売れ行きです。あまりに売れるので店を閉めるのがもったいなくて、ずっと売り続けているうちに明るくなって朝になることもしばしばでした。

ならば、二四時間営業にしてみようと思い、三交代制で営業してみたところ、年間売り上げが一億円を突破。たった五坪の花屋です。

一坪あたり年間二〇〇〇万円超。面積あたりの年間売り上げで、思案橋のぼくの花屋が日本一になったのです。

## 次なる目標を探し続ける旅

二九歳で独立してからずっと、ぼくは走り続けていました。従業員も一〇〇人を超える規模にまでなりました。

社員旅行で、海外に行った年もありました。

花屋では食っていけないと思われている世間の常識を覆《くつがえ》し、「ここまでやれるんだ」ということを、証明したかったのです。

「来年の社員旅行は、巨人軍と一緒に同じホテルに泊まる。一二月の売り上げ目標一億円」

見事に目標を達成し、冬季キャンプでグアム島に来ていた巨人軍の選手と同じホテルに泊まり、同じレストランで食べることができました。ご飯を食べているときに、向こうに長嶋監督がいて、みんなで感激したことを覚えています。

会社の幹部社員五人に、特別ボーナスをふるまったこともありました。

「よくやった。今日はお前たちに、車を一台ずつ買ってやる。予算は二〇〇万円だ」

現金をふところにいっぱい詰め込んで、ディーラーへ。社員たちには、「一番貧乏くさく見える服で来い」とドレスコードももうけたので、みんなジャージを着込んでやって来ました。

「一八〇万円の車を一五〇万円まで値切れたら、合格！」とぼくが言い、社員は必死で値切ります。値切りに合格したら、ぼくの出番です。

「すみません。お金持って来たんですけど」と、その場でポンと現金で支払いました。

売り上げ目標の達成をゲーム仕立てにして、社員と一緒に楽しくやっていました。

社員がみんな、まるでぼくの家族のようで、毎日が楽しかった。


けれど、次第に何かが物足りなくなっていたことも事実です。

独立のときに誓った「長崎で一番の花屋になる」という目標を早々に達成し、念願の思案橋にも店をかまえ、ほかの店が追随できない基盤を固めるまでは、誰よりも熱くなれたのに、店が軌道に乗り、小金が入るようになった三五歳を過ぎたころから、ぼくのなかで何かが変わってしまったのです。

# 第2章

# 目標を見失った長いトンネルのなかで

## 親父の死

三〇歳で初めて花市場に入ったときのぼくは、光り輝いていたと思います。春に草花がぐんぐんと水を吸い上げて背高く伸びていくかのように、なんでも吸収して成長していけた。たくさんのチャレンジもした。とにかく、仕事が楽しくて仕方なかったのです。

花屋修業時代を経て、一気に飛躍した三〇代は、「自分にはなんだってできる」と思えた絶好調の時期でした。

そんなぼくに、大きな転機が訪れました。

親父がガンになったのです。

余命数カ月。痛みで本当に苦しかったろうと思います。それでもいつも冗談を言い、周りを楽しませていました。

最期に「楽しかった。ありがとう」という言葉を残して、親父は亡くなりました。

小さいころから、親父が汗だくになって働く姿をいつも見ていました。酪農というきつい仕事をずっとやってきて、暮らしが楽になることはまったくなかったのに、それでも「楽しかった」と言って死んでいったのです。

どうして人生の最期に、こんな言葉を吐けたのだろう。

葬式には、何百人もの人が弔問に訪れてくれ、教会の外まで花がずらりと並びました。決して楽な生活ではないなかで、親父は寄付をしたり、人助けに力を貸したり、人のために尽くしていた。だから、たくさんの人が悲しんでくれた。

そんな光景を目の当たりにして、「自分は何のために生きているのだろう」と、ぼくはすべてに迷い始めたのです。三七歳のときでした。

独立してから一直線に走り続けてきて、なんでもできると思っていたぼくにとっての大きな転機でした。

このころまでのぼくは、周囲から「学生みたいだ」と言われていました。身なりにかまうことはまるでなく、髪の毛はボサボサ。花屋の仕事を必死でやっているだけの生活で、自分の人生について考えたことなどありませんでした。

そんなぼくがKENZOのド派手な服を着て、夜の街で遊び始めました。海も買いました。長崎のある海岸五〇〇メートルほどを手に入れ、プライベートビーチにしました。

突然、旅にも出ました。南アフリカやヨーロッパ、ニュージーランドに行ってみたり。とにかく、なんやかんやと手を出した。「何か新しいことをやるぞ」というのではなく、わからないからいろいろなことに手を出して、もがいていたのです。

仕事でも、変なことばかりしていました。

会社の車を、すべてルノーに買い替えたこともありました。花屋だから、フランスっぽい車がいいなという単純な思いつきです。そのルノーでお客さんのところに花を運んでは「ちょっと、いい感じだろ」と、一人で納得していました。

花を運ぶトラックも、ド派手。二トントラックを真っ赤に塗って、KENZO柄に似せたチューリップの絵を描かせたのです。

花の自動販売機もつくりました。これだけ花が売れるなら、自動販売機をつくればもっと効率よく売れるに違いないと思いついたからです。三台つくりましたが、結果は惨憺《さんたん》たるもの。今から思えば、理由ははっきりわかります。人の血の通っていない自動販売機で、花が売れるわけがないのです。

そんなことさえわからなかったぼくは、お客さんに喜んでもらいたい、花で人を感動させたいという原点を、すっかり見失っていました。

長崎の町にある三〇店舗の花屋すべてを、毎日何度も歩いて回り、「ディスプレイを直せ。高い花を冷蔵庫にしまっておいても、売れるわけがないやろ」とダメ出しをしたり、「今日は夕方から雨になる。今のうちに、セールで在庫を売ってしまおう」と指示出しをしたりすることも次第になくなり、現場から離れていきました。

スーツを着て机に座っている社長になってしまったのです。

小金を持つようになり、ハングリーさがなくなって、天狗になっていました。かといって、先に突き抜けられる道も見つからず、とにかく意味もわからずお金ばかり使い続けた。けれど当時は、自分にハングリーさがなくなったことも、停滞感が漂っていることもぼくは気づいていませんでした。

二九歳で独立してから、必死で山を駆けあがったものの、その山をのぼり詰めてしまったことには、気づかなかったのです。

独立当時と同じテンションで、まだまだ駆けあがり続けられると思っていました。けれど二九歳のときに思い描いた夢はすでに達成し、次にのぼる山を見つけなければならなかったのです。

独立当時と同じ興奮を味わいたいがためだけに、大金を散財したのかもしれません。だけど、プライベートビーチを買ったところで、興奮は瞬間的なものでしかなかった。

思い描いた夢を実現すべく駆けのぼり、ある到達点に達したとき、そのまま上りもせず、下りもせず、まあまあでやっていくこともできるでしょう。

それでもぼくは、そうなったときこそ、一度失敗をしたほうがいいと思うのです。失敗は絶対に、せないかん。息の根が止まってしまうような失敗にさえならなければ。

長崎で一番の花屋になるという山をのぼり切ってしまったあとのぼくは、自動販売機をつくってみたり、大手通販会社に企画を持ち込んだり、花屋のコンサルタントをしたりと、会社を大きくするために、もっとお金をもうけるために、仕事を拡大しようとしていました。けれど、やればやるほど何かがむなしかった気がします。

最初は、花でお客さんに喜んでもらうために、感動してもらうために商売をしていたはずなのに、心をどこかに置き忘れてしまっていた。

ぼくなりに、当時も必死でやっていたはずです。インターネット事業部をつくったり、通販事業をしようとしたり、業務提携をしたりしながら、次の目標を見つけようとしていたのだと思います。けれど何一つ、うまくいきませんでした。一番うまくいかなかったのが合弁会社でした。

## 人生最大の有頂天。そしてピンチに

どこで聞きつけたのか「長崎に、とんでもない花屋がいる」と大手商社がぼくのところにやって来ました。そして「合弁会社をつくりませんか」と持ちかけられました。えらい人に、「全国に八〇〇店舗を展開しましょう。従業員も何千人です。五年後には株を店頭公開し、石原さんは何十億円ものお金を手に入れられるのです」と言われました。「店頭公開」と言われても、何のことやらさっぱりわかりません。だけど、日本を代表する大手商社の人が言うのです。「すごいな。そんなにもうかるのか」と、今から思うとかなり無邪気に話にのりました。四一歳のときでした。

当時のぼくは、「なんでもできる」と思っていました。

二九歳まで年収二〇〇万円だった人間が、独立をしてすぐに一億円、三億円、一〇億円という売り上げの会社をつくれたのだから、日本全国を相手にする大きな会社だってできないはずがないと思ってしまった。まだ、四〇歳を少し過ぎたばかりだというのに、とんだ天狗になっていたものです。

ぼくを止める人は誰もいませんでした。会社はぼくが一〇〇パーセントの株主です。しかも、成功してきている。誰も、止められなかったのです。

初めての東京進出。本社を置いたのは東京の港区白金というといかにもおしゃれなエリアです。会社名は「カザハナコーポレーション」。風花のブランド名を使って、全国にフランチャイズ店を広げ、ロイヤリティと仕入れの卸で利益をあげるのが事業の柱でした。

インターネット事業部、ガーデニング事業部、小売事業部、フランチャイズ事業部といろいろな部署があり、ぼく専属の秘書も二人いました。事業の五カ年計画書には、一年後には売り上げ一〇〇億円、三年後には五〇〇億円と威勢のいい数字が並びました。

パーティなどで、「花業界の四天王の一人の石原さんです」といって紹介されながら、企業の社長にもたくさん会いました。日本の名だたる会社ばかりです。

ファッションブランドのキャサリン・ハムネットが東京進出をしたとき、店内の花のディスプレイを担当したのをキャサリン本人にとても気に入ってもらい、「パリコレにも出ないか」と言ってもらったり、映画に出資しないかという話をいただき、故・相米慎二《そうまいしんじ》監督の『風花』にかかわったりもしました。

ただでさえ、「自分にはなんでもできる」と驕《おご》っていたところに、長崎にいたときとはまるでちがう世界に取り巻かれてチヤホヤされ、ぼくは完全に舞い上がってしまったのです。

けれど、フランチャイズの花屋を全国展開していくのと、地元の長崎で店舗を拡大するのとでは、まるで事情がちがいました。

長崎の三〇店舗は、ぼくの勘ひとつで経営することができました。朝令暮改《ちょうれいぼかい》は当たり前。午前中は高く売っていた花も、ぼくが歩いて店を回った感触で「今日はだめだ」と思ったら、いきなり「一〇円で売れ」とセールを始めることもしょっちゅうで、「もうじき雨が降るから、今のうちに売っておかなきゃ」とか「明日は給料日だし、天気もいいし、いけるはずだ」とか、ぼくにしかわからない勘を駆使して、うまく回すことができていました。仕入れにしても、ぼくが「いける」と思った花を大量に仕入れていればよかったのです。

直感型の経営スタイルは、全国にフランチャイズ店を展開する経営には応用できません。三年計画、五年計画を前もって立てなければならないし、売れる花や売り方も、その土地その土地によってちがいます。長崎なら、町を歩きながらだって「どうも、ごぶさたです。奥さん、花どう？　安いよ」とお客さん一人一人に声をかけ、花の文化を広げていくことができたけれど、全国に散らばったフランチャイズ店を一軒一軒回って同じことをやるわけにもいかない。

本社で事業計画を立てたり、会議をしたりという日々を送っているうちに、お客さんの生の声も聞こえなくなり、「こうだろう」「ああだろう」と「～だろう」で経営をするようになっていました。

ビジネスが、完全に自分の手のひらにのっていませんでした。本社にいて電卓をはじきながら、「一店舗の売り上げが月一五〇万円、それが八〇〇店。そのうち五パーセントがロイヤリティとして利益になるから……」と計算をしたところで、机上の空論です。

フランチャイズ店のオーナーたちは、その土地でほかの花屋と戦っているのです。店の置かれている状況——土地柄、文化、競合の花屋の様子、お客さんの好みなどを空気としてすべて感じ取って、そのうえでどうするかを考え、それでも試行錯誤を繰り返しながら売れる方法をつかみとっていかなくては、ダメなのです。

お客さんの顔の見えない商売が、うまくいくはずがない。

仕入れコストを下げるために、ベトナムにバラ園をつくりましたが、これも失敗でした。フランチャイズ店からは、「風花のブランドを掲げているけど、売れない」「本社の花は仕入れ値が高い」とクレームはくるのに、売り上げは伸びない。その一方で、支出ばかりがどんどん増えます。しゃれた鉢や花びん、ラッピングなどの商品開発費、本社の家賃や人件費、インターネット事業のためのシステム構築費など、コストばかりがかさんでいく。なかでもインターネット事業には何千万円も投資したのに、「入ってくるのは、たったこれだけか」といった具合でした。

大手商社の看板があるから、借り入れはできた。借入金の額ばかりが、どんどんと膨れ上がっていきました。

額が大きくなっていくにつれ不安になりました。「もういかん、もういかん」という心の悲鳴と戦いながら、部署の担当者たちには、「いいよ、いいよ。まだ大丈夫」と言って、かなり踏ん張ってはいたものの、とうとうこんな声が聞こえてきたのです。

「借入金をこれ以上増やしたら、完全に終わりだ」

## 八億円の負債を背負って

そしてとうとう、役員を集めて「この花屋は、もうやめる」と告げました。負債はすべて自分で処理するから、社長を辞めさせてくれと申し出たのです。

合弁会社をたたみ、負債も、在庫もすべてぼくが引き受けて、長崎に帰りました。

合弁会社の二年間は、結局のところ、会社ごっこでした。しゃれた本社ビルのなかで事業計画書をつくり、えらい人たちに会って自分もえらくなったような勘違いをして。

会社ごっこの末に残ったものは、総額八億円の負債でした。


長崎の風花には一〇〇人ほどの社員がいましたが、全員を雇い続けることはできなくなりました。そこで、長崎や福岡に開いた直営店舗を社員に譲り、独立させました。

残った社員を集めて、こう言いました。

「まだ、オレについて来てくれるか？」と。

「当たり前じゃないですか。みんなで借金を返しましょう」と言ってくれた社員たちの顔を、ぼくは一生忘れません。

合弁会社が失敗した最大の原因は、ぼくが天狗になっていたことでしょう。

大きい会社を経営したことなどないくせに、自分にはなんでもできると思いあがり、大手商社というブランドに惑わされ、名刺に惑わされ、明確な目標や仕事をする意味がわからないまま、合弁会社をつくって東京に行ってしまったのですから。

大きな仕事にチャレンジしようとしたわりに、ぼくの心は燃えていなかったことに、答えは出ていたのかもしれません。

二九歳で独立したときに仕事に燃えた感覚と、四〇歳を過ぎて「日本一になる」といって合弁会社を設立したときの感覚とは、まるでちがっていました。

結局は、原点を見失っていたのです。

三〇〇〇円の花束を福岡まで一六〇キロの道のりを車で走って届けに行って、お客さんと一緒に泣いたあの感動を、どこかに置き忘れてしまっていました。ぼくにとっての仕事の意義は、そこにしかないはずだったのに。

だから、手がける仕事がぼくの手のひらにのらなかったのです。

なんのために仕事をするのかが見えないまま、「大きな会社の社長になる」「もっと金をもうける」と自分の地位や名誉を高めようとした当然の結果だったのでしょう。

仕事の原点も、自分をも、完全に見失っていました。

けれど、大きな失敗をしなければ見失ったことにさえ、気づかなかったはずです。

痛い目にあって、初めてわかることがある。

ちょっと痛いことから、ギリギリの失敗まで、たくさんの経験をしながら体で覚えていくしかない。まっすぐに、迷うことなくわが道を進めることに越したことはないけれど、人生そんなにうまくはいかない。

失敗には、必ず意味がある。ぼくはいろいろな失敗をさせてもらった。

その経験があるから、今がある。

借入金がどんどん膨らんでいく過程で、「まだこの時点なら、なんとか自分の力で返せる」と思えたギリギリのところで、身を引きました。これがもし、一〇億円にまで膨らんでいたら、破産するより手がなかったかもしれません。

なぜ八億円なのか。直感としかいいようがありません。二九歳で独立して、長崎で花を売ってきた経験から、「長崎に帰ってもう一度頑張れば、返せるはずだ」と思えるラインが八億円だったのです。

ぼくにとって、息の根が止まってしまうギリギリ手前のラインでした。

四四歳で、すっからかんどころか八億もの負債を背負った。長崎の会社が所有していた土地などの資産をすべて処分し、ぼくの個人資産も吐き出し、なんとか半分清算したものの、それでも四億円の負債を抱えての再スタートでした。

長崎に戻って、負債を返すための返済五カ年計画を立てました。

当時、長崎の風花の決算書は、会社がつぶれたも同然のものでした。とうてい四億円の借金を返せるようなものではなかったのです。けれど、十八銀行の支店長が「石原なら、返せる。ただし、長崎にいて花を売ることが条件だ」と言ってくれ、倒産をせずにすんだのです。

ぼくの三〇代の必死になっていた姿を、ちゃんと見てくれていた人がいたのです。

長崎県にできた中小企業支援協議会の第一号としても、認定をしてもらいました。認定をされると「つぶしてはいけない会社」というお墨付きをもらえました。当時取引をしていた五つの銀行に、通達が出されました。

銀行からの融資の条件は「花を売ること」でしたが、長崎の町は様変わりしていました。以前は、飲み屋街には人があふれ、観光客もたくさん訪れていました。しかし二〇〇〇年以降、飲み屋街には閑古鳥が鳴いていた。どんなに頑張ったところで以前と同じように花を売ってもうけることは、絶対に無理だと思いました。

そんな窮地を救ってくれたのが、庭でした。三五歳ごろから、お客さんに頼まれて庭もつくるようになっていたのです。

長崎に戻って以降、お客さんから頼まれる五万円の庭、一〇万円、三〇万円の庭が、負債を背負ったぼくにとってはものすごくありがたい仕事でした。庭をつくれば三〇〇〇円の花束を売る一〇倍以上の現金が入ってきます。しかも、できた庭を見て、お客さんがはちきれんばかりに喜んでくれます。

銀行から、「花を売るんじゃなかったのか」といつも叱られながら、庭をつくって、支払いを続けました。金利だけで月に一〇〇万円。会社には、ぼくについて来てくれた社員もいる。その必死さといったら、なかった。ここでアウトにならないためには、本気で必死にならざるを得なかった。

自宅に子どもの同級生のお父さんが来て、家の寸法を測っていたこともありました。銀行の担当だったのです。「何しとんの?」と聞くと、「すみません、ちょっと」と。自宅が、借金の担保になっていたからです。

「妻の実家に家族で身を寄せようか」と思ったこともありました。でも、親父から譲り受けたこの土地を、絶対に手放したくない。子どもたちを路頭に迷わせるわけにもいかない。家族がいることがぼくを踏ん張らせてくれました。絶対に守ってやる。この窮地を、絶対に切り抜けてやる。

「どうにかしよう」ではなく、「絶対にどうにかしてみせる」です。「絶対にあきらめない」と気持ちを奮い立たせたのです。

取引先の左官屋さん、大工さん、植木屋さんには「申し訳ないけれど、入金があるまで少し待ってて。必ず返すから」と、頭をいつも下げて回りました。

それでもギリギリのピンチに、何度も見舞われた。

「もう、ダメかもしれない」

「今度のこの支払いができなかったら、もう終わりかもしれない」

そう思ったことは、一度や二度ではありません。ある一件の取引先から、強制的な支払いを一度求められたら、オセロの白いコマがバタバタと黒へとひっくり返されてしまうかのように、銀行も、取引先も一斉に返済を求めてくるといった事態が起こります。

けれど、そんなギリギリの瀬戸際に、大きな庭の仕事が決まるのです。

ぼくには、庭の仕事しかありません。だからこそ、頼んでくれたお客さんを、喜ばせ続けました。悪い評判がひとつでも立ったら終わり。ここぞとばかりに、競合の会社がぼくをつぶしにかかってくるかもしれなかったのです。

借金で精神的に追い詰められてもつぶれずにいられたのは、三〇代前半の成功体験があったからでしょう。花をバンバン売って、店を増やし、長崎一の花屋になった。一日一〇〇万円、多いときで三〇〇万円。お客さんが並んで買ってくれた花屋です。

その成功体験があるから、一生懸命に庭をつくってお客さんを喜ばせることができれば、なんとか切り抜けられるはずだと思えたのです。

平均五〇万円から八〇万円の庭を、一日に二件、三件と仕上げることもありました。日々、現金が入ってくる。月に一〇〇〇万円ほどの利益も出ていました。

病気は絶対にできなかった。風邪さえ引けなかった。「風邪を引きそうだ」と思ったときには、栄養ドリンクをガンガン飲みました。ドリンクを飲んだところで気休めでしかないのかもしれなかったけれど、このぼくの体だけが、最後の防波堤。絶対に、倒れるわけにはいかなかったのです。

当時のぼくにとっての休息のひとときは、お客さんに契約のハンコを押してもらった瞬間と銀行の通帳を見るほんの一瞬。

「やった。お客さんから契約が取れた」

「入金された。よかった」

その瞬間の安堵感が、ぼくの拠《よ》りどころでした。

たしかに綱渡りのような日々だったかもしれないけれど、ぼくはその綱渡りさえも楽しんでいた。楽しもうとしなければ、押しつぶされていたにちがいありません。

どんな状況にあっても、笑顔でいられる自分をつくりあげました。なんでもいいから材料を見つけ出して、「やった〜」「お、すごい」と気持ちを上向きにしていくのです。

悲観的になろうと思えば、どこまでも悲観的になれる。だけどそれは、「かわいそうな自分」でありたいというナルシシズムにすぎない。「あのとき、あんなことさえしなければ」と繰り返し繰り返し後悔したところで、時計の針を巻き戻すことは、絶対にできない。

現実をまっすぐとらえて、今、自分にできることを必死でする。必死でやり続けるために、少しでも自分が元気になれるようにもっていく。

どんな状況にあっても、前に進まなければならないのですから。

## 借金こそが、宝物

莫大な借金を背負ったとき、再び浮上できるか、そこで終わりになるかの境目は、原点に戻れるかどうかにあるとぼくは思います。

花屋が絶好調になった三五歳を過ぎてから、ぼくは現場に立たなくなり、派手なスーツを着て、天狗になっていた。長崎ではちょっとした有名人だったし、立身出世をした人間として一目置かれる存在でした。

「花市場にさえ入れてもらえなかったこのオレが、長崎一の花屋になっただけでなく、日本一を視野に入れたビジネスをしようとしている。どうだ、オレはいよいよ長崎を飛び出すんだぞ」

東京に出て行ったとき、そんな気持ちもあったかもしれません。

なのに、二年もしないうちにボロボロになって長崎に戻った。そんな自分の姿を、世間に晒《さら》したくないと思わなかったかといえば嘘になる。

男は、弱い生き物です。だから、プライドという鎧《よろい》を幾重にもまとい、自分を大きく見せたがる。それが崩れたあのとき、守るべきものが何もなく、自分一人だったら。ポキリと折れていたかもしれません。

だけど、家族がいた。社員もいた。守らなくてはならない存在が、いた。ぼくのちっぽけなプライドなんかよりも、大事なもの。

いい服を着て、いい生活をして、人から羨望の眼差しで見られていたというプライドなど、捨ててやる。人からどう見られようと、どう思われようとかまわない。土まみれのドロドロでボロボロの姿で一からのやり直し。上等だ。守るべきもののために、オレは踏ん張る。自分がどうなろうとも、絶対に、守り抜いてみせる。

男のプライドは捨ててはいけない。けれど、次に進むために捨てられるプライドもあるのです。

借金を背負って、丸裸になって、ようやく原点に戻れた。

「一つ一つの庭で自分のベストを尽くし、お客さんに喜んでもらうだけだ」

長い長いトンネルを抜けた瞬間でした。

## 失敗からつかむもの

仕事のイロハを身につける二〇代、身につけたものが開花する三〇代。

多くの人はそんな道をたどっていると思います。三〇代の開花が鮮烈で、それは見事な花が咲いた人ほど、もしかしたらぼくと似たような経験をしているかもしれません。

思い描いた夢や目標にたどり着こうと、誰よりも必死になって走れば、予想外の早さで到達できることがあります。たどり着くまでの道のりすべてが自信となるし、思い描いた山のてっぺんに立てたときには、「人の何倍も必死になったのだから当たり前だ」という自負も生まれます。

けれど、そこから先に進めない。以前なら一〇の力で挑まなければならなかったことが、七の力、ときには三の力でできるほど、自分に力はついているのに、しびれるような達成感を得られる瞬間がなくなっていく。そして、力がついた分だけ、知らず知らずのうちに必死さも減ってゆく。

「昔の熱さが、味わえなくなった」と、言葉にならないまでも心のどこかに物足りなさがくすぶっていて、不完全燃焼な自分をもてあます。

だけど、不完全燃焼な自分に気づきたくないからか、気づいたところでどうすればいいのかわからないからか、自分の本筋とは別のことに、手を広げていってしまうのです。

「事業をもっともっと大きくしよう」

「そこそこの自分になったのだから、いい服を着よう。いい車に乗ろう」

「エグゼクティブな人脈くらい、そろそろもってもいい時期だ」

けれどこれらは、自分を大きく見せようとしているだけにすぎません。それに気づかず、自分を大きく見せようとすればするほど天狗になり、必ずしっぺ返しがやってきます。

大きく見せようとすることと、もっと大きな人間になることとはまるで別物。

多少有名になったり、エグゼクティブたちと知り合えたりしたところで、以前の自分は越えられない。一度、目標を達成したときの自分を越えるには、自分の熱くなれることを見失わず、そこからそれずに、積み上げていくしかないのです。

自分が突き動かされる原点を、思い出すしかないのです。

ぼくの原点は、「お客さんの喜ぶ笑顔」だったのです。

とはいえ、三〇代後半から四〇代前半にかけてもがいた日々が無駄だったとは思っていません。ぼくは全力で、もがきました。だから、失敗も大きかったけれど、その失敗を超えて先に進めるものが何かに、気づくことができました。

仕事の意味を見失い、たくさんのことにチャレンジし、そのほとんどが失敗の山となったけれど、次に続くものもつかめた。石をいっぱい投げたうち、残ったものは本当に数少ない。けれど、それらが四五歳からのぼくの基盤となってくれたのです。

もし、以前のように熱くなれない自分をもてあましているのだとしたら、全力で動いてみることです。あれこれ思いつくものすべてに手を出して、やってみる。きっと、モノにならなかったものがうずたかく積まれるでしょう。けれど、そのなかに次に続く何かが一つ、二つと残るはずです。

現状維持のまま動かずにじっとしていても、残酷なまでに時間は流れていきます。一つや二つの失敗に、めげることなかれ。

失敗からしか学べないこともたくさんあるのだし、失敗したっていいじゃありませんか。完全にアウトになる手前のギリギリの失敗ならば、必ず、立ち直れます。

その代わり、やるからには精一杯、全力でやる。失敗しても、めげない。あきらめない。そうすれば、出口を探してもがいた時間のなかに、必ずや答えを見つけることができるでしょう。

第3章

# 借金を背負って、世界一を目指す

## 世界を見た衝撃

四四歳からの二年間、必死の日々を送っていました。

借金を返すために毎日二件の庭を、お正月もお盆もなく、つくり続けました。

しかし、そんなぼくでも次第に消耗し、頑張れなくなっていきました。

今にもつぶれそうな自分の気持ちを「家族と社員を守らねば」と鼓舞し続けていたけれど、心が枯れかけていました。

借金返済のためだけの必死さは、二年が限界だったのです。

これ以上、頑張れないかもしれない……とぼくの心が悲鳴をあげそうになっていたちょうどそのとき、風のうわさでイギリスにチェルシー・フラワーショーという世界で一番権威のあるガーデニングショーがあると知りました。四五歳のときでした。

すぐにイギリスに飛びました。

会場に一歩足を踏み入れたとたん、鳥肌が立ちました。それまで見たこともないようなこだわりぬいてつくられた庭が並んでいたのです。

「どうしてこんな発想ができるんだ」

ジャングルのなかに、今にも動き出しそうな竜の彫刻があり、その口から水が流れていた。独自の世界観をもとにこだわりぬいてつくられた庭を、それまで見たことがなく、自分のもっていた庭の概念を大きく覆《くつがえ》されたのです。

「こんな世界があるんだ」と神の啓示を受けたかのような気持ちがしました。

同時に、足がガタつきました。

「自分がつくっている庭など、とうてい足元にもおよばない」

チェルシー・フラワーショーに出展されている庭を、この世のものとはとても思うことができませんでした。

「恥ずかしい」

長崎で、ちょっと有名なガーデナー気分になっていた自分に赤面しました。

チェルシー・フラワーショーは、世界最大の庭と花のコンテストです。英国王立園芸協会（ＲＨＳ＝エリザベス女王が総裁を務め、世界に約三七万人の会員がいる）が主催するこのショーは、世界各国からトップレベルのガーデナーやフローリストが集まり、威信をかけて腕を競い合う場となっていて、ここから、庭と花の世界的なトレンドが発信されていきます。毎年、五月中旬に開催され、エリザベス女王やチャールズ皇太子も足を運ぶこのショーに、イギリス国内はもちろん、世界中から二〇万人近い人々が訪れ、テレビでも英国放送協会（ＢＢＣ）が、朝から晩まで中継をしています。一万円近くするチケットはすぐ売り切れ、会場周辺にはダフ屋もあふれ、とにかくすごいにぎわいです。

ガーデン大国イギリスで最も権威あるこのショーのゴールドメダリストになると、翌日はイギリスの新聞各紙に大きく取り上げられ、朝から晩までテレビに出ずっぱり。まるで、オリンピックで金メダルを取った選手のように、一夜にして大スターです。

ゴールドメダリストのなかでも、誰もが「すごい」と思う庭をつくったガーデナーには、世界各国の王室や貴族、富豪などから「庭をつくってほしい」と声がかかり、ガーデン関連企業から「うちと契約しないか」と申し込みが殺到。一躍、世界的な引っ張りだこガーデナーとなるのです。

当時のぼくは、長崎の町のガーデナーでしかなく、チェルシー・フラワーショーに出るようなガーデナーとは、天と地ほどの差があった。なのに、とり憑《つ》かれてしまったのです。

「自分もチェルシーのような庭に、挑んでみたい」

世界のトップレベルの庭を目の当たりにして、自分がいかに狭い世界のなかにいたかを思い知らされたと同時に、狭い世界の枠を飛び越えたその先に目指すべきものがあることに気づいたのです。

いても立ってもいられませんでした。長崎に戻ってすぐ社員を集めました。

「チェルシー・フラワーショーに出て、ゴールドメダルを取る」

大きな一歩を踏み出した瞬間でした。

とり憑《つ》かれるほどのものに出会えたのは、すべての状況が重なった結果かもしれません。

借金を背負って丸裸になれたこと、この二年間、借金返済のためだったとはいえ「庭でお客さんを喜ばせなければならない」と必死でつくり続けてきたこと、枯れかけた心が熱くなれる何かを求めていたこと……。それらが、すべてつながった。

偶然であると同時に、必然でもあったのでしょう。

人生には、時期というものがあるのかもしれません。自分から、次なる目標を求めてもがく時期は、いわば種まきの時期にすぎません。けれど、いろいろな種をまいておいたからこそ、「これだ!」と思えるものに出会えた。停滞しているときこそ、次なる目標が見つかるまでの期間をどのように過ごすかが、問われるのです。

チェルシー・フラワーショーへの出展を決意してから、二、三カ月の間に、出展する庭のデザインとコンセプトを固めて申し込みをしなければなりませんでした。

何度も何度も、デザインを書きました。最初は、彼らのデザインを真似て書いてもみました。この人の真似をしたら優勝できるかなというスケベエ根性です。

だけど、しっくりこない。何かがちがう。いくら真似ても、自分の体のなかにデザインが入ってこない。二、三カ月そんな状態で、申し込みのギリギリまで、ダメだ、ダメだという日々が続いていました。

仕事をしながら、いつもチェルシー・フラワーショーに出すためのデザインが頭に引っかかります。長崎にある大学やデザイン学校にも足を運んで、庭のデザインについて教えを請いました。いろいろなアイデアは出してくれます。けれどやっぱり、人から与えられたものではどこか嘘っぽく思えてしまう。自分のオリジナルになりそうもないのです。

本屋を見かければ、いつも飛び込んで庭の雑誌を端から読んだし、図書館にもよく足を運びました。イギリスで撮ってきた写真も、穴が開くほど見ました。山にも行ったし、川にも行った。陶芸の町にも行った。「あそこがきれい」「素晴らしい風景だ」と耳にしたところには、時間の許すかぎり出向きました。

寝てもさめても、チェルシー・フラワーショーのことばかり考えて、動き回りました。けれど、答えが見つからない。

それでも、ひとつのことにとり憑《つ》かれて四六時中そのことばかり考えていれば、「これだ！」という答えは、必ず見つかるのです。

庭の仕事から帰る車中での出来事でした。長崎の海に、雲の切れ間から光が差し込み、キラキラと輝く海面に見入っていました。沈みゆく夕日がそれはそれは美しかったのです。

「どうや、きれいやな」

同乗していた社員に、そう話しかけた瞬間でした。

「これだ！」

四五歳にもなって、夕日を見て泣いている。いろいろな思い出を頭のなかで巡らせながら、しみじみと「きれいだな」と感じ入っている。感動する心。これこそ、人にとって最高の贅沢。高級な材料をふんだんに使った絢爛《けんらん》豪華な庭よりも、ありのままの風景にこそ、人が心を動かす何かがある。少なくとも、長崎の里山《さとやま》の風景に囲まれて育ったぼくにとっての感動は、そこにしかない。

ぼくならではのオリジナルが何なのか、わかった瞬間でした。

それからは、心打たれる風景をただひたすら探し求めました。そして、ついに出会ったのです。熊本県阿蘇郡白水村（現・阿蘇郡南阿蘇村）に、その風景はありました。

そこは川の源泉でした。透き通った泉の底から、ぼこん、ぼこんと水が湧いていました。静寂に包まれた森のなかに木漏れ日が差し込み、水面をキラキラと輝かせていた。聞こえるはずのない魚の泳ぐ音が、シュシュ、シュシュと聞こえてくる。まるで神が降りたかのような聖地。

川の源流を、ぼくはそのとき初めて目の当たりにして、雷に打たれたようなインスピレーションを受けたのです。しびれました。

その風景が『源』という作品のコンセプトとなりました。雨が降って森の大地に吸い込まれた水が、再び湧き出て川となり、また雲になる。その循環を表現したいと思ったのです。自分とは何かを突き詰めた末に、初めてできたオリジナルの発想でした。

## チェルシー・フラワーショーの質問用紙

チェルシー・フラワーショーに出展するには、まず膨大な提出書類と格闘しなくてはなりませんでした。論文も書かなくてはなりません。この庭が二一世紀において、なぜ大切なのかを問われるのです。

ほかにも、細かな一〇〇問程度の質問に答えていかなければいけません。「使用する木材はどの国のものか、産地証明を提出してください」「植物の名前はすべて学名で表記し、仕入先の会社の住所・電話番号を明記してください」「使った植物は、使用後にどうしますか？　リサイクルするのですか？」「水の使用にモーターを用いると温度が上がります。そのときバクテリアが発生したらどんな対処をしますか？」「石をどうやって運びますか？トラックで運ぶなら安全対策はどうしていますか？　もし石が落ちたときには、どんな対策をしますか？」といった植物に関することから作業で発生することまで、事細かく環境に対する配慮を求められました。

庭についての考え方も、「この庭があることで、町の人にどのような発信ができますか？」などの質問が五〇ページにもおよびます。

庭をつくるときに、それまで考えたこともないような質問ばかりでした。

質問用紙に書かれたことに答えるうちに、「自分のつくる庭が、世の中のためになぜ必要なのか」と深く考えるようになっていきました。

チェルシー・フラワーショーへの挑戦を通じて、ぼくは知らず知らずのうちに鍛えられていったのです。

## 世界一？　住宅ローンも残っとるとよ

『源』のコンセプトとデザインを決め、たくさんの質問に答えて応募したところ、書類選考に通ることができました。

第一回目にチャレンジしたシック・ガーデン（現代的都市庭園）部門には、四〇〇チームほどの応募があり、約一〇チームが出場することができます。

「やった。このまま突き進むだけだ」と思ったのもつかの間、書類を読み進めていくと、最後にこう書いてありました。

「海外からの出展チームは、通常五〇〇〇万円ほどの資金が必要になります」

旅費や交通費、滞在費、現地で調達する材料費などを合わせると、多くのチームがそのくらいの額を自己負担して参加しているというのです。

さらに、打ち合わせのために渡英したり、準備のために二カ月前からイギリスに入ったりで、三カ月ほど仕事を休む必要も出てきます。

何をおいても借金の返済をしなくてはならない身なのは重々承知していました。それでも、挑戦したかったのです。

ぼくは、妻に言いました。

「フラワーショーに出展できることになったんだ。とにかく素晴らしいショーなんだ。だけど実は、五〇〇〇万円必要なんだ」

「あなたね、住宅ローンも残っとるとよ。この間、銀行の人が家を測りにまで来たとよ。なのに、全然懲りんとね」

もちろん反対されました。

社員もみんな「長崎で花を売れば、借金は返せるはずです」と大反対でした。

ぼくは言いました。

「花は、昔のようにはもう売れない。世界一になるしか、もう方法はないんだ」

めげない、懲りない、あきらめない。三拍子揃った頑固者。一度言い出したら聞かない性格のぼくに、周囲の人たちも最後は根負けする結果となりました。

それからは、金策です。親父から相続した実家と一億円で買った海を、それぞれ一〇〇〇万円で売り、そのほかで五〇〇万円つくり、なんとか二五〇〇万円のお金を工面しました。

チェルシー・フラワーショーの出展が決まったことは、独立して初めて屋根付きの花屋を手にすることができたときと同じか、それ以上に興奮する出来事でした。

「世界一になってやる」とみんなに語りました。

「花屋のつくった庭で、町おこしをしていきたいんだ。そのためには、箔をつけなくてはならない。野球の野茂英雄投手が、大リーグへの道を初めて切り拓いたように、ぼくが世界のガーデニングへの道筋をつけたいんだ。今、世界に通用するガーデナーは日本にいない。だからこそ、エリザベス女王からゴールドメダルをもらって世界一になるまで、ぼくはチャレンジする。誰もが世界一と呼ぶ会社にならないと、いけないんだ」と夢を語り続けました。

周りはきっと「コイツはアホか」と思っていたにちがいありません。

チェルシーには、世界最高クラスのガーデナーたちが集まります。何年もかけてデザインをしてきているし、お金も時間もエネルギーも半端なくかけている。世界レベルのあまりの高さを目の当たりにしたとき、「果たして自分に、ここに挑むだけの力などあるのか」

と、とても自信など持てなかったし、そんなステージでゴールドメダルを取ることなど、冷静に考えれば無茶苦茶な話でした。

けれど、自分で「負けた」と思ったら、絶対に勝てない。

借金を背負うなかで二五〇〇万円もの大金をかき集め、命がけで出場するのです。「参加することに意義がある」などと悠長なことを言ってなどいられない。手ぶらでは、帰って来られない。

だからこそ、自分を鼓舞するためにも、夢を人に語り続けた。人に大きなことを言うことで、自分を奮い立たせようとしたのです。そして「大丈夫だ、いけるいける」と一年間、自分に言い聞かせ続けました。

## チェルシー・フラワーショー初挑戦の現場

出展許可をもらってからイギリスに渡るまでの半年間も、必死で庭をつくり続けました。心は世界一を目指すことでいっぱいだったけれど、現実は借金の返済に追われていました。そんな綱渡りのなかでの初挑戦でした。

そしてチェルシー・フラワーショーに挑む日が近づいてきました。初めてのことだらけで何もわからないなかでのどたばたの日々でした。

まず、お金が飛ぶようになくなりました。ぼくが行く二週間前に、先陣隊がイギリスに入りました。三〇〇万円持たせたのに、ぼくがイギリスに入ったときにはすべて使い果たしていました。その時期、ポンドが高騰していたこともあり、宿泊費がものすごく高く、ホテルが一人一泊五万円。物価も高かったのです。

しかも、長崎で計画を練って、下調べもさんざんして行ったはずなのに、先陣隊の仕事は何一つ進んでいませんでした。

チームは総勢二〇人。寝ているだけでどんどんお金がなくなっていくありさまです。安いホテルを探そうと日本大使館に行ってみたり、日本に電話したりと駆けずり回りました。あるエリアに、やっと安いホテルを見つけたのですが、近くでテロが起きて再びホテル探しです。イギリスの長崎県人会の松尾さんからの紹介で、やっとの思いでホテルが見つかったのが大会の八日前でした。

資材をすべて現地調達しなければならないことも、とても大きな壁でした。ワシントン条約があるため、日本から植物を持ち込むことはできません。

ぼくは毎日外に出て、植物を探していました。このときの庭のメインとなる植物がマツでした。しかし、見つからない。日本にいるときに当然、下調べをしました。しかし、いざ「ｂｏｎｓａｉ」と在庫表示のあった店を訪れてみると、マツがまん丸なのです。盆栽ブームだからマツくらいあるだろうと気楽に思っていたのがいけなかった。たしかにマツはある。けれど形や雰囲気が、日本で手に入れるものとは、まるでちがいます。

現地のインターネットカフェにスタッフが張り付いて、ひたすら情報を集めました。老夫婦が趣味で持っているらしいとの報告を受け、五時間かけて出かけて行ったら、想像していたものとはまるでちがっていた。そんなことばかりでした。

日本でも、スタッフがあちこちに電話をかけて情報を集めていました。そして最終的には、名古屋の花市場の人が、何十年か前にボンサイを扱うイギリスの園芸店にマツを輸出したとわかりましたが、それは売り物ではありませんでした。「すみません、必ず返しますから」となんとかお願いして借りたものの、そのマツは病気にかかっていました。「なんとか元気になってくれ」と毎日毎日声をかけながら、霧吹きで朝晩水をやり、愛情込めて接し続けて治療したのです。

ぼくの作品には、コケをたくさん使います。しかしイギリスでコケというと、ただのゴミ。売っているところなど、見つかりません。

一般家庭に自然に生えているコケを探してくるほか、方法がありません。また長崎県人会の松尾さんに、人を紹介してもらい、訪ねて行きました。アパートの芝生の隅に生えていたコケをはぎ、その人の親戚の家もすべて回って、コケを集めました。

車で道を走っているときも、コケを見つけたとたん「ストップ」と言って車を降り、ピンポンと玄関の呼び鈴を鳴らして、

「モス。アイ　ウォント　モス」

ともらっていました。突然、呼び鈴を鳴らされたイギリス人はみんな驚いた表情で「こんなゴミ、どうするんだ」と不思議そうです。けれどぼくは、その瞬間「やった。手のひらくらいのコケが手に入った」と、天にものぼるような気持ち。

持ち帰ったあとも、「もう少し、元気にならないかな」とチリを一つ一つ丁寧にとり、霧吹きをする。そんなことの繰り返しです。ぼくのホテルの部屋は、宝物のように飾られたコケでいっぱいになりました。

そのコケを、黒い袋に入れて会場まで運んでいたときのこと。電車に乗ったら、警備員がわっと集まってきました。

テロリストと疑われたのです。コケを見せても、納得してくれません。イギリス人にとってはただのゴミでしかないコケをなぜわざわざ運んでいるのか、不審がられたのです。悪いことは重なるもので、切符を見せろと言われたのに、スタッフのなかになくしたヤツがいて、さらに騒ぎは大きくなりました。

近くを通りかかった日本人らしき人を捕まえて「すみません、通訳してください」と助けを求めました。切符をなくしたヤツにも、「服を全部脱げ。必ずどこかに入っているはずだ」と服を脱がせました。イギリスの駅のホームでズボンまで脱いだ、すっかり怪しい日本人です。ようやくチケットが出てきて、なんとか難を逃れました。

そこまで必死になって集めて運んだコケでしたが、実際には使いものになりませんでした。品質がとても使えるレベルではなかったのです。

初めてのイギリスは、思い通りにならないことの連続で、毎日、何かしらのトラブルに見舞われました。

チーム内でもトラブル続出です。島原出身の左官さんと熊本の大工さん。まずこの二人の言葉が通じない。英語が話せないのではありません。それぞれの方言がちがって、何を言っているのかがわからなかったのです。作業道具も壊れました。イギリスの電圧は二四〇V、日本製品は一〇〇Vです。変電器を付けたのに、強い電流が流れて電気工具が壊れてしまいました。

そんなこんなで、あっという間に時間が過ぎました。

準備はまるでできていないのに、すでに二五〇〇万円の資金もほぼ空っぽです。

とても不安な状態のまま、会場での庭づくりの九日間がスタートしたのです。

庭をつくり始めてからも、トラブル続きでした。

イギリスでは、ちゃんと注文したはずなのに、まるでちがうものが届くことばかり。

まず、砂がない。白い壁をつくるために白い砂が必要だったのに、届いたものは黄色い砂。左官さんが壁をつくっても、黄色くなってしまいます。

仕方がないので会場内を探し回りました。すると、オーストラリアチームが白い砂を持っていました。

「すみません。ちょっとだけ、砂を分けてもらえませんか」

最初は「ちょっとだけ」と言っていたのが、一輪車一台分になり、五台分になり、最後には「もういい。あげるよ」と、とうとう全部分けてもらいました。

コケもこのチームにもらいました。片言の英語で、「モス　プリーズ」と言うと「いいよ」と快く分けてくれました。

ほかにも、会場内を歩き回って、電線をください、何をくださいとやっていたものだから、会場を歩いていると「ミスター石原、何か困ったことはないか」と声がかかるというちょっとした有名人でした。

結局、出来上がった作品の八割ほどの材料を、会場内で借りました。

休憩時間の過ごし方も、ほかのチームとはまったくちがいます。ほかのチームは、国や企業からの援助を受け、国の威信を背負って出場しているから、テントがあるのは当たり前。イスもあれば、テーブルもあります。

ぼくたちは、ブルーのビニールシートを広げて地べたに座って弁当を食べ、そのまま昼寝です。ほかの国のチームから「ガーデン難民」と呼ばれ、いろいろな差し入れまでもらうような始末。

けれど驚いたことに、チーム同士で戦っているはずなのに、みんなが快く手を差し伸べてくれました。彼らの助けがなければ、最後まで作品を仕上げることができなかったかもしれません。競い合いはするけれど、戦いではない。そこにあるのは、作品への敬意だけ。それぞれのチームがベストを尽くしながら、ほかのチームもベストを尽くせるように、手を差し伸べる。それがチェルシー・フラワーショーの空気でした。

作業中、何度も審査員が来てチェックをして行きました。提出した質問書のとおりに作業が進んでいるかということも、審査対象だからです。しかし、提出している書類がかなりいい加減だったため、まったく書類と現物が合っていないこともざらでした。

あまりのどたばた状態に、チェルシー・フラワーショーの参加チームのなかで、ぼくらは名物チームとなりました。

それでも庭が出来上がってくるにつれ、ちがう意味で人が集まり始めました。

一切、花を使わずにマツで『源』を表現しました。庭をつくるとき、イギリスではたくさんの植物を使います。ぼくはそれを逆手にとって、極限まで少ない植物で『源』を表現したのです。

「こんな庭は見たことがない」

と、『源』を見た多くの人が驚きの表情を浮かべていました。

そしてショーの最終日。結果を知らせるために各チームのブースを回っていた審査員がぼくに手渡してくれたものは――シルバーギルト。

「うお～、やった！　やったぞ！」

マツも、石も、砂も、コケも、何もかも借り物でした。

初挑戦の日本人が銀メダルにあたるシルバーギルトを受賞したことで、イギリスではいろいろなメディアが取り上げてくれ、それはそれはすごい騒ぎとなりました。だから、「これは日本でも、すごい騒ぎになっているはずだ。空港でマスコミが待ち受けているのではないか」「仕事も山のように来るのでは」とわくわくしながら帰路に着きました。

しかし、空港で待っていたのは、社員が乗った軽トラック一台。

「社長、これから営業に行きますよ」

何も変わらない日常に舞い戻りました。イギリスでの体験との見事なまでのギャップ。チェルシー・フラワーショーで、シルバーギルトを取ったといっても、「それなに？　飴《あめ》の大会？」と、本当に誰も知らないのです。悔しかった。

日本では、誰も評価をしてくれなかったけれど、チェルシー・フラワーショーで賞を取ったことがものすごく大きな自信となったことはたしかです。ぼくの庭が、世界に通用した。「日本中をガーデン大国にしてやる」という勢いがつきました。二九歳のときの自分を超える熱さを、再び手に入れることができたのです。

## 二度目の挑戦

銀行の返済もあるし、請求書もいろいろと届く。潤沢な仕事が来るだろうと思いきや、なんの話もない。市民表彰や県民表彰をもらいましたが、そのくらいでは仕事に効果などありませんでした。

シルバーギルトをもらっても、あまりに周りの風景が変わらなかったことで、逆に本気になりました。

次も絶対に出る。ゴールドメダルを必ず取る。

再びチェルシー・フラワーショーに出るために、走り出しました。借金を返しながら、出場資金を貯めるためです。

帰った瞬間から毎月四〇件、年間五〇〇件の庭をつくりました。正月もお盆もなく、小さな庭から大きな庭まで、それはもう、たくさんの庭をつくりました。

仕事をしながらも、ずっと次のデザインを考え、現地に誰を連れて行こうか、どんなチームをつくろうかと作戦を練り、二年がかりで五〇〇〇万円の資金を集めました。半分は仕事をしながら貯めたお金、残りの半分はあちこち駆け回ってたくさんの人に「スポンサーになってください」とお願いして集めたお金です。やっとの思いでつくった資金を手に、再び、イギリスに渡ったのです。

## どたばたチームだって悪くない

一度目の挑戦でぼくが箸にも棒にもかからなければ、二度目の挑戦は、なかったかもしれません。シルバーギルトをもらって、ゴールドメダルに少しかすった。だからチャレンジしたのです。

なぜ、ゴールドメダルに至らなかったのか。極め方が足りなかったのだと思います。一度目の挑戦でも、一切の妥協はしていません。けれど、チェルシー・フラワーショーのことを知らなすぎました。宿泊先もわからない、材料がどこで手に入るかもわからない。極める以前にトラブルが多すぎて、その処理に労力を費やしていました。

それも一度参加したことで、だいたいの見当はつくようになりました。

チェルシー・フラワーショーに参加するときのぼくのチームはかなりユニークです。製作過程がそのままコメディ映画になるのではないかというほど、毎回どたばた騒ぎが起こります。優秀な人材が集まった先鋭チームとはまるでちがうこのチームが、ぼくはかなり気に入っています。

シルバーギルトを取ったあと、「風花で働きたい」といろいろな人からメールが届くようになったなかから、チームに加わった若い女性がいます。鈴木です。

通訳・翻訳係なのですが、強烈な方向音痴だし、作業のヌケが多い。なにしろ、のん気でマイペース。「この書類、出しただろうな」と確認して、「出しました」と返事をしているのに、実は提出していないこともたびたびだったし、チェルシー・フラワーショーの会場で、届くことになっていた植物が届かず「なぜ、届かないんだ」とぼくが怒ったときも、のんびりしています。

「石原さん、イギリスの業者の人も一生懸命やってますよ」

のん気なこと、このうえない。相当なものです。それでも、植物が大好きで熱いハートをもっています。左官さんや大工さんとのケンカのクッション役になってくれたのも彼女でした。

ぼくのマネジャーのような存在に松尾という男性がいるのですが、この男は怒り癖があり、すぐキレる。だけどなぜか憎めないキャラクターです。

完璧主義の松尾と、のん気で超マイペースな鈴木の二人は、ケンカばかりしていました。でも、この二人の組み合わせが、実はとてもよかったと思っています。

ぼくと職人さんとは、いつももめていました。ぼくの言うことが毎日ちがうからです。ぼくは絶対にゴールドメダルを取らなくては、と必死です。だから「こうしたほうがいい」と思ったことがあれば、どんどんその場で変更します。一方、職人さんには職人さんのペースがある。だから、ぶつかります。

そんなとき、鈴木が活躍です。のんびりした性格の彼女には、グチをこぼしやすい雰囲気があるのでしょう。職人さんたちが、鈴木に「もう、やってられん」というと、「まあまあ。石原さんもああいう人だから。ま、飲みましょうよ」と彼女ののん気さが、場をやわらげます。

松尾はこれまた大の酒好きで、いつも職人さんを連れて夜の町に繰り出していました。コイツにお金を預けていたのですが、これがもう、バンバンお金を使います。しかも飲み代に。

まったく、面白いメンバーです。

とはいえ、現場はどたばたです。

なにしろ鈴木が注文した材料が、ことごとく間違っているのです。木材を頼んだときは、高さを二メートルといって発注。しかし実際は、二メートル四〇センチ必要でした。二メートルでは、隣り合っている庭の裏側が見えてしまいます。仕方がないので、デザインを少し変えたり、大工さんが木材をうまくつなげてくれたりしてしのぎました。

石のサイズがえらくちがっていることもありました。子どもの頭くらいのサイズを二つと伝え、鈴木に注文をさせたのですが、とてつもない大きな石が届きます。

「こんなの、おかしいやろ」とぼくは怒鳴ってばかりです。

完璧主義の松尾は、鈴木のミスにいつもブチ切れています。なのに、鈴木はこたえないようでのほほんとしている。

ぼくや松尾が鈴木を怒ると、左官さんが「とはいっても、石原さんも毎日言うことちがうじゃない」となだめます。

そしてぼくが左官さんから「こんなのデザインに書いてなかったやろ。できるわけない」と怒られると、鈴木が「ま、飲みましょうか」とのほほんと言います。

たしかに鈴木はヌケているし、左官さんはいつも文句ばかり言っている。探せば、もっと優秀な人はたくさんいるでしょう。けれど、大切なのは心です。

ぼくが一人で「絶対にゴールドメダルを取る」と思ったところで、チームみんなでそう思えないかぎり、実現には至りません。

「メダルを取りたい」と思う人を集め、みんなの「メダルを取りたい」という気持ちが高まったときに、取れる。多少の技術のつたなさなど、大した問題ではないのです。

二度目の挑戦以降、ほぼ同じ顔ぶれでチームをつくって出場しています。すると一＋一が三になり五になり、爆発していくのです。鈴木にないものを松尾が補い、ぼくのせっかちさを鈴木がやわらげる。

あいかわらず鈴木はミスも多いし、松尾も怒る。左官さんもブツブツ言う。それでも、みんなが一丸となって戦えるぼくの愛すべきチームです。

## 人生に、無駄なことなどひとつもない

二度目の作品は『青嵐《あおあらし》』です。

青嵐は、初夏に青葉をゆすって吹きわたる風のこと。イギリス人が見たことのない庭をつくりたかった。そしてパッと見た瞬間に、懐かしさを感じるものにしたかったのです。ぼくが子どものころは、里山すべてが遊び場でした。そのときの風景をどこか感じる庭にしたいと思いました。

湿った土のにおい、石なのにやわらかに思える感触、不規則な水の流れ、草木や野原の上を吹き渡る青々とした風を庭のなかで表現していきました。

吹きつけてきた風が、庭を囲む白い壁にあたって渦を巻き、そして静かに流れ去っていきます。ウォーターカーテンをつたう水の音も聞こえます。雨に打たれて丸みをおびた石の周りには、もこもことしたコケや野草が茂り、凛《りん》と咲いたアヤメが、なんともいえず愛らしい。そんな庭をつくりました。

一度目の挑戦とは、雰囲気ががらりと変わっています。

『源』は、インパクトを与えることを一番に考え、植物を最小限にとどめた、花が一輪もない日本のわびさびを取り入れた庭でした。植物をふんだんに使うイギリスの庭とは逆の発想をしたのです。強いインパクトを与えることには成功しましたが、審査員から「あなたの庭にはラブリーさがない」と指摘を受けました。

じゃあ、次はラブリーさ、楽しさを入れようと思い、ぼくの楽しさの原点を突き詰め、里山に思い至ったのです。

『青嵐』には、ぼくの一番好きな小さなアヤメを咲かせました。

イギリスでアヤメが咲くのは六月。でも、大会当日の五月二一日の朝七時半に咲かせなくてはなりませんでした。アヤメを部屋の外に出して冷気に当てたり、逆に部屋のなかに入れて暖房をガンガンかけたりと、究極の開花調整をした結果、これが見事に、ピタリと咲いてくれたのです。

『青嵐』は、やさしくて懐かしさのある庭を、限りなく少ない植物で表現していきました。

八日間の戦いには、終わりがありません。植栽したコケにゴミが飛んできたのをピンセットで取り続けたりと細部にまで目を配って、作品がほんの少しでもよくなるように作業を続けます。

庭は、ひとつの世界観をつくる作業です。自分の思い描いたイメージに一歩でも近づけようと思えば、完成だと思える瞬間はないのです。

今回は自信がありました。けれど、ライバルもいた。

八日間の作業中、イタリアのシシリー島から来た六〇代の女性のつくる庭が気になって仕方がありませんでした。そのこだわりようといったら、すごかったのです。彼女は庭のなかに畑をつくっていたのですが、まっすぐ一列に並んだトマトは高さがそれぞれ変えてあり、それは見事な植栽でした。すべての葉っぱも、かっちりとしていて力強さがみなぎっている。畑のなかには階段があって、タイル製の素晴らしいイスが置いてある。命がけで畑をつくっているんです。

話しかけてみて、驚きました。

「私は庭師じゃないの、詩人なの」

なんというかっこよさ。

ショーガーデン部門に出場していたニュージーランドチームの庭も、すごかった。ドームがあってドアを開けて入ると、一面に植栽がされていました。そればかりか、人の目につかないような裏側も、階段のてっぺんも、きれいに植栽がしてあります。とてもいいにおいもしてきます。

「なぜ、見えないところまで植栽をするのか」とたずねると、「私がそうしたいから」と答えるのです。

みんな、ありえないくらいのこだわりなのです。

気になる庭を、ちょこちょこ覗きに行ったり、向こうもぼくの庭を覗きに来たりと互いに何度も行き来しているうちに、いよいよ審査の日がやってきました。

自分としては最大限こだわったし、最後の最後までベストを尽くしました。それでも、シシリー島チームの庭には勝てないかもしれないと思っていました。

審査の最中に、ぼくにやたらとたくさんの質問をしてくる審査員がいました。「あなたの庭の奥にあるものを知りたい。なぜマツなのか、なぜ凪なのか」と。あとから思うと、その審査員はぼくの強力な助っ人で、いいところをより引き出すためにたくさんの質問をしてくれたのです。

前回の出場から二年間、この日のためだけにやってきました。もてる力のすべてを振り絞って、ベストを尽くしました。

その結果――。ついに、ゴールドメダルを手にしたのです。

ここまでの道のりで、無駄なことは何一つありません。

事業に失敗し、大きな借金を背負ったことも、四四歳、四五歳の二年間、借金を返すためだけに毎日必死だったことも、家を手放さなければならないかもしれない崖っぷちまで追い詰められたことも、それらすべてがゴールドメダルにつながったのです。

もしも、重いリスクを背負わなかったら、世界一を目指そうと考えもしなかったでしょう。借金を背負いながらも必死にかき集めた二五〇〇万円の大金を投じ、命がけの賭けに出たからこそ、チェルシー・フラワーショーで賞を取ることに対して誰よりも真剣でハングリーになれた。だから、しびれる庭ができた。そう思うのです。

二回目の挑戦でゴールドメダルを取ってから、周りを取り巻く状況が変わり始めました。

「うちと契約をしないか」といろいろな話をいただくようになり、縁あって、長崎の造船所と契約をしました。

たまたま乗った飛行機で、元・日本銀行長崎支店長の田辺さんと隣り合わせになり、「実は」とゴールドメダルを取り出して見せたところ、「今、大島造船所の農産部門で働いてるんだ。ぜひ一度、うちと話をしてくれないか」と言ってもらった縁でした。

日を改めて訪れると、応接室に通されました。ずらりと並んだ役員の前で契約書を出され「契約金はいくらがいいか、希望額を書いてください」と言われました。

シルバーギルトを受賞したときとは、大違いです。「一〇〇〇万円？　もう少しいけるかな。じゃあ三〇〇〇万円？」と初めての経験にそりゃもうドキドキでした。

そして、エイッと「五〇〇〇万円でいかがでしょうか」と言ってみたところ、「わかりました。明日振り込みます」とその場で話がまとまったのです。

長崎以外の仕事で、ぼくがランドスケープをして、利益を折半するという契約です。

おかげで三回目のチェルシー・フラワーショーからは、その会社が出展の資金をすべて出してくれることになりました。

そして二〇〇七年、シティ・ガーデン（エンターテインメント性のある都市庭園）部門に『雲庭《うんてい》』で出展し、ゴールドメダルを二年連続で獲得することができました。

# イギリス人を泣かせたい

二〇〇八年。三年連続のゴールドメダルを日本人のぼくが取るのは、並大抵のことではないだろうとわかっていました。

それまで二回のゴールドメダルは、「何がなんでも、賞を取らなくては」と自分を追い込まなければならなかったし、「どうすればゴールドメダルを取れるのか」ということを最優先に考えていました。

もちろん、今回もゴールドメダルは目指していました。けれどそれ以上に、ぼく自身が楽しいと思える庭をつくりたくなったのです。

ぼくの庭には、子どものころの原風景が詰まっています。里山の景色、小川のせせらぎ、色、風のそよぎ。それらの記憶がぼくのなかにすべてあります。

なかでも一番の思い出は、秘密基地。この挑戦では、ぼくが心からわくわくできる秘密基地をつくることに決めました。ドアを開けた瞬間、連れて来た友達が「うわぉ」とびっくりしてくれるような空間です。そして同時に、誰も見たことのないような、目の肥えたイギリス人でさえ「こんな庭があったのか。こんなの初めてだ」と釘付けになる庭を目指しました。

二〇〇八年の作品『緑の扉』は、二〇〇七年の作品『雲庭』に比べて一〇倍大変でした。『雲庭』までは、「どんな庭なら、つくることが可能か」を前提に発想していましたが、『緑の扉』は「どんな庭をつくったら楽しいか」にこだわって、やったことのない技術が必要だとしても、なんとかつくりあげたいと思ったのです。

『緑の扉』は、デザインを書いた瞬間に、ゴールドメダルを確信しました。実際に、王立園芸協会の審査員も「デザインを見た瞬間、今年のゴールドは決まった」と思い、会場内の場所決めのときも庭の前に人がたくさん並べる場所をぼくらに与えてくれたそうです。

デザイン画だけを見て、これはと思わせる庭は、「果たしてこれは、可能か可能じゃないか」と考えていてはできません。そこは一切考えず、自分でもできるかどうかわからないデザインを書いたのです。「デザインを提出してからの九カ月の間で、できるようになればいいじゃないか」と思ったのです。

常に、自分の限界に挑み続ける。できるかどうかわからないギリギリのところにチャレンジすることで、限界水準は必ず引き上がります。二〇〇七年につくったものは、きっと今なら半分の労力でつくれるでしょう。

過去の三回も、毎回これ以上の庭はできないと思ったし、一〇〇パーセントの力を出し切っていました。

だけど、一度つくれば、労力の配分や段取り、見せ場のつくり方もわかってきます。全力での挑戦をしているときは、ぼくだっていっぱいいっぱいだけど、その経験を重ねれば重ねるほど、余裕が生まれてくるのです。

挑戦の真っ最中は、現場に余裕などありません。『緑の扉』だって、そうでした。製作過程では大工さんから、「天井に水を流したいと言うけどさ、五メートルものガラス、重さをどうするの」「雨水をぽとんぽとんと落としてほしいって言うけど、そんなのできないよ」と、無理だ無理だといつも言われていました。

そのたびに、「たしかにそうだね」と頭を悩ませ、アイデアを絞り出しました。ガラスが重いなら、アクリル板にしようか。「ぽとんぽとん」という雨だれを再現するのに、点滴のしくみを使ってみようか。そうやって、一つ一つクリアしていったのです。

琉球ガラスを沖縄までつくりに行ったときには、溶かした鉄の枠と琉球ガラスを一緒に固めるなんて、ガラスが割れてしまうから不可能だと言われながら、試行錯誤を繰り返し、何日もかけて徐々に冷やしていく方法を編み出して、不可能を可能にしました。細部にも、とにかく徹底的にこだわりました。

懐かしさを出すために、雨戸は新品を錆《さ》びさせました。コケで覆《おお》われたテーブルの真ん中に川を流し、水の音で心安らいでもらえるようにしました。流線型のイスのデザインも、自分で考えたものです。たくさんのチャレンジとサプライズを入れていきました。

つくったことのないギリギリへの挑戦でした。

ギリギリのはずなのに、なぜか気持ちはおだやかで余裕がありました。「巣箱をつくったら、鳥が来てくれるかな」とか「鳥だって涼みたいだろうし、巣箱も屋根を緑化して涼しくしてあげよう」と、童心に返って庭をつくれたのです。

『緑の扉』は、一面がコケで覆われた緑の扉を開けると、童話の世界のような緑の部屋が広がっています。目の前の壁も、屋根も、もこもことしたコケで覆われ、そのあたたかみがなんともいえない懐かしい気持ちにさせてくれます。

ふと見上げると、屋根に小川が流れている。夜になるとその小川の向こうに満天の星を眺めることができます。晴れた日には、やわらかな日差しが、ゆらゆらと揺れる水の影をつくりながら差し込み、まるで水のなかにいるような気持ちになります。

散歩をしてみると、片隅に泉が湧いていたり、上から鳥の巣箱があちらこちらに吊るされていたりと、いろいろな発見をすることもできます。子どものころのわくわくがぎゅっと詰まった、見たことがないけれどどこか懐かしい場所なのです。

そんな究極の空間があるのは、なんと屋上。大都会の屋上に現れたおとぎの森です。

二〇〇六年にシック・ガーデン部門、二〇〇七年にシティ・ガーデン部門と、異なる部門に挑戦し、二年連続でゴールドメダルを取ったあと、この『緑の扉』で二〇〇八年アーバン・ガーデン（都市の環境のための庭）部門のゴールドメダルを獲得しました。世界でたった一人の三年連続ゴールドメダリストになれたのです。

「世界一になる」という夢が、本当に実現したのです。

チェルシー・フラワーショーでゴールドメダルを取ることは、借金を返して、会社を存続させるためには、どうしても必要なことだと思い続けていました。

だけど、三回目のゴールドメダルでは、計算や損得勘定はぼくの頭に、もはやなかった。ぼくが心から楽しんでつくった『緑の扉』を見た人は、「どうしてこんな発想ができるの、あなたは」と涙を流してくれました。

心のなかにある懐かしい風景を、きっと誰もが胸の奥に大切にしまっている。大人になってから、すっかり忘れたつもりで都会の慌ただしい生活に身を置くことが当たり前になっているけれど、やっぱり心は正直で、懐かしい風景を見たとたんに込み上げてくるのです。家の周りのすべてが遊び場だった子どものころの懐かしい記憶が。大人になってから、まるで目をとめなくなった草花や石ころやコケに、愛情をもって触れていたことが。

世界一になる夢に挑戦し、その末につかんだものは、称号や名誉ではなく、涙でした。ぼくの庭が、一人一人の心のひだに触れたこと。みんなが感動の涙を流してくれたこと。それこそがぼくの称号であり、この五年間の最大の成果だったのだと、今、しみじみと感じています。

## 四五歳からの挑戦の末に、見えたもの

庭をつくる二カ月は、命がけです。朝から晩まで、寝てもさめても頭のなかは作品のことだけで、借金のあることもそのときはすべて忘れ、ディテールを考え続けました。

ゴールドメダルを取るのは、技術やお金ではなく、それにかけるエネルギーだと、ぼく

は確信をもって言えます。

自分はどこまでできるのか、決してあきらめずに、ギリギリまで戦うことに尽きるのです。

そんな命がけの経験を、四〇歳過ぎて何度かやっていると、何かが見えてくる。見えなかったとしても、神様が褒美をくれる。ぼくはそう思いました。

乗り越えた何かがあった。突き抜けられた。それがたまたまぼくの場合、ゴールドメダルという形になったにすぎません。

四五歳を越えてから、人生を賭けて五年の歳月を費やしました。チェルシー・フラワーショーのためにたくさんの庭をつくってお金を貯め、チェルシー・フラワーショーのことだけを考えて生きてきた。その先どうなるかなんてことは、まるでわかりませんでした。ただ、引き返すことはできなかった。家族を守り、社員の給料を遅れずに払うために、やらなくてはならなかったのです。

ここで世界一を取らないと、家族も社員も路頭に迷わすことになるという責任を背負いながら、やっとです。やっと今にたどり着きました。

ぼくはこの三冠のゴールドメダルで、みんなに恩返ししたいと思っています。一緒に参加したかどうかは関係なく、チームのメンバー、社員、家族とみんなで挑んだものです。心から「ありがとう」と感謝しています。社員や家族、周りにいる人を幸せにしたいと、ようやく格好つけずに言えるようになりました。

こんなぼくに家族も社員もついて来てくれた。そして、ぼくについて来てよかったと本気で言ってくれる。

ぼくは本当に幸せ者です。

チェルシー・フラワーショーに挑んだことで、仕事の意味も見出すことができました。目の前のお客さんを喜ばせなくてはといつだって思っていたけれど、「借金を返さなきゃいけない」ということが常に頭のなかにあって、「任せてください。バッチリ仕上げます」と言いながらも、どこかうすっぺらだったことに思い至ることができました。目先のきれいさばかりに、気を取られていたのかもしれません。ぼくがいいと思った庭を、「いいでしょう」と押しつけていた気もします。

一生懸命やってはいたけれど、「何のために庭をつくるのか」が見えていなかった。

チェルシー・フラワーショーに出展したことで、いろいろなものを削いでいくことができました。チェルシー・フラワーショーでは、「庭を通じて、何をやりたいのか」「何を訴えたいのか」をいつも問われます。何のための庭づくりなのかを考え続けたことで、ぼく自身の仕事の意味がわかり始めました。

今は、お客さんに庭をつくるときも、「この庭は、お客さんにとってどんな意味をもつのか」「自然の美しさや花のきれいさを、庭を通じてどう伝えることができるだろうか」「お客さんの暮らしのなかで、きちんと手入れができるものになっているのか」としっかりと考えています。

そして、お客さんが出来上がった庭をパッと見た瞬間に「いい。すごくいい」と感じてもらえるようにと思っています。本当にいい庭には、説明などいらないのです。

何より、チェルシーでいろいろな人たちと出会い、みんなが心から庭を愛している姿を見て、「〝好き〟って、本当にいいことだね」と素直に思えるようになりました。ぼくのなかで、大きく何かが変わり始めています。

第4章

# たどり着いた場所。そしてこれから

## 風景があるから、人は集まる

チェルシー・フラワーショーに挑んだ最初のきっかけは、経営者として、ギリギリまで追い込まれたことでした。ひとつ何かが崩れたら、倒産してしまいかねない崖っぷちの日々からの大逆転を求めて挑んだのです。

世界一権威のあるフラワーショーから称号さえもらえれば、借金を一気に返せるだけでなく、巻き返しも図れるはずだという純粋とは言えない動機でした。

ところが、チェルシー・フラワーショーの五年間を経てたどり着いたのは、当時は予想もしていなかった境地でした。今のぼくは心から、「花と緑で世界を変えたい」と思っています。

チェルシー・フラワーショーで、庭を心から愛するライバルたちと出会い、彼ら彼女らと切磋琢磨するなかで、ぼくは変わっていったのです。

四回出展したうちの三回は、初めて見たときにとても足元にもおよばないと衝撃を受けたチェルシー・フラワーショー出展者たちを、いかに出し抜くかばかりに頭を使っていました。「会社のためにゴールドを取るんだ」と気張っていましたから。

それでも、出展してチェルシー・フラワーショーの空気に触れるたびに、庭を心から愛する純粋さをぼくも分けてもらったのだと思います。「会社のため」というお題目を外すことはできないまでも、「ぼくにとっての庭づくりとは何か」を自らに問うようになりました。

そして、二度のゴールドメダルを取って、勝ち負けではない地平にたどり着けた。「見る人を、驚かせたい」「あっと言わせたい」と純粋に思えた。人を心から楽しませるためにはどうすればいいのかと考え、ぼく自身が楽しいと感じる庭をつくった。それが三度目のゴールドメダルでした。

『緑の扉』を目にしたときのお客さんの「うわぁ」と驚く顔や自然にこぼれる笑顔は、今もぼくの脳裏に焼きついています。何十人、何百人もの顔を、今も思い出すことができます。ぼくの最高の宝物です。

三〇〇〇円の花束を、長崎から一六〇キロの道を車で走って福岡まで届けに行ったときの感動と同じものを『緑の扉』で味わい、「お客さんに心から喜んでもらえて、本当によかった」という思いこそが、ぼくの最大の原動力なのだと、ようやく思えるに至ったのです。

二九歳で花屋を始めて二十数年。やっと大事なものがシンプルに見えてくるようになりました。よけいなものがはぎ落とされて、ようやく自由な心を手に入れたのです。

チェルシー・フラワーショーでもらった三個のゴールドメダルは、ぼくに自信も与えてくれました。

花で人を変え、町を変え、ひいては世界を変えることもできるのだと、今、ぼくは心から思えます。チェルシー・フラワーショーのお客さんたちの笑顔は、「ぼくの庭で喜んでくれる人がいるんだ」と勇気をくれるし、「花と緑には人を幸せにする力がある」と信じさせてくれます。

「自分は、世の中のために緑を増やす使命を神様からいただいた」

ゴールドメダルは、そのためのものだったような気さえしています。

庭や花を通して、日本中を緑にしたい。緑の世界遺産をつくりたい。心からそう思います。

ひとつの庭があることで、町が変わる。地域が変わる。

今、花と緑で町おこしをするプロジェクトをいくつか手がけています。

ここに「まなび野の森」をつくった経験が生きています。

森の花屋「まなび野の森」は、ぼくが三〇代後半から四〇代前半の時期にあれこれ手を出したなかで、ゆるやかながらも形となり、生き残ったもののひとつです。

花屋は立地が命だと、長崎で一番の繁華街にどんどん店を出していましたが、発想をがらりと変えて、人がわざわざ足を運んで訪れたくなる空間をつくりたくなったのです。

はじめはただの空想でした。

〝ぼく〟が好きな女の子と二人で開いたのは、自然と人が集まってくる花屋。町中に花を咲かせようと時間を見つけては二人で花の種をまき、木の苗を植えているうちに、町の人たちも一緒になって手伝ってくれるようになり、花と緑を通じて、町中の人たちが仲良くなっていきます。花屋の二階はカフェになっていて、「一杯飲んで行って」とコーヒーや酒をふるまいます。そこは、友達が、近所のおじさんおばさんが、いつも集っては語り合う、人びとのあたたかい愛があふれる憩いの空間なのです――。

空想の世界で、そんな花屋をつくってみたいと思っていました。

当時、知り合いのテレビディレクターの家に、よく飲みに行っていました。将来について迷っていた時期だったこともあり、彼の奥さんに聞いてみたんです。

「あなたの夢、なんですか?」。すると奥さんは「私は喫茶店をするのが夢よ」と。そこで「ぼくが森をつくるから、奥さんは喫茶店のオーナーになって」という話になったのです。

六人の出資者を募り、六〇〇〇万円で有限会社をつくって、森づくりをスタート。三〇〇〇坪の土地に、一〇〇〇〇本の木を植えました。

まなび野の森を始めたばかりのときは、「これはいける」という確信はありませんでした。最初の二年はお客さんがまるで来なかったのです。ぼくは合弁会社のために東京にいて、コンセプトは出したものの、森づくりを自分で手がけず社員に任せてしまっていました。

一年、二年と時間がたち、木々が成長してきたとき「イメージしていた空間とは全然ちがう」と感じ、「自分でこの森に魂を込めないと、イメージどおりの空間は現れない」と一からつくり直しました。

すると、人がだんだん訪れるようになっていったのです。

喫茶店が少しずつ繁盛し始めると、喫茶店にパンを卸していたパン屋さんが森に店を出しました。そこでサンドイッチが売れ、今度はそのサンドイッチにハムを卸していたハム屋さんが引っ越してきました。喫茶店に器を卸していた器屋さんも森に入って来ました。こうして一〇軒弱のテナントが入るようになりました。

場所は、長崎の中心地から車で二〇分ほどの長与町にあります。人が通るわけでもなく、わざわざ「あそこに行こう」と思わないかぎり、お客さんが自然に集まるところではありません。それでも、今では一日平均三〇〇人のお客さんが訪れています。

町も変わりました。「まなび野の森」の風景に刺激され、町の住人たちが花を植えるようになりました。すると、その町を見学しに、観光バスがやって来るようになりました。

ぼくはずっと「一軒の愛のある花屋が町を変える」と言い続けていましたが、それが実現したのです。

なぜへんぴな場所にある三〇〇坪の小さな森に、人が集まるようになったのか。

そこに風景があるからです。

素敵な風景には、人が集まります。町のなかの昔懐かしい小さな里山こそ、最高に贅沢な空間だとぼくは思っています。

たとえばオランダ旅行で、何万本ものチューリップ畑を見て、最初は「すごい」と思っても、しばらくすると疲れてしまいませんか？　華やかだけど、日本人にはなじみのない空間だからです。

里山は、印象的な風景ではありません。だけど、のんびりと佇《たたず》んで時間を過ごしたくなる場です。子どものころ、学校の帰り道に摘んでみんなとふざけあったネコジャラシ、花冠をつくったクローバー、日陰にひっそりと咲いていたニオイスミレ。

「昔、道端にあったよな」と誰もが感じる草花は、心をなごませてくれます。子どものときに囲まれていた空間と同じにおいのする場所。その風景に、人は癒され、パワーをもらうのです。

まなび野の森のなかには、たくさんの秘密が隠れています。草むらのなかにお地蔵さんがいたり、木に鳥の巣箱がくくりつけてあったり、屋根の上にも花が咲いていることに気づいたり、ツリーハウスやロープでつくったブランコを見つけたり。「あ、ここにこんなものがあったんだ」と足を運ぶたびに小さな発見をしてもらえる秘密がいっぱいです。

森は、毎日ほんの少しずつだけど変化しています。壁にからまるツタが伸びて、枝がアートを描き出すなんてこともあれば、この間まではなかったビオトープが現れることもある。新しく植えられた木もある。毎日足を運んでも「あれ、またどこか変わったね」と思ってもらえる場にしたいのです。

まなび野の森から、よく電話もかかってきます。

「シジュウカラのヒナが巣から落ちてケガをしたんだけど、どうしたらいい？」

森ではこんなことも大問題。森のなかで起こる小さな出来事は、アメリカの大統領が誰になるかよりずっと重要なことなのです。

まなび野の森は、まるで小さな村のようです。一緒にいる人たちとわいわい話したり、助け合ったりしながら暮らしています。だからこそ、訪れる人を温かく迎えることができるのでしょう。

一昔前には日本のあちらこちらにあった里山を、たくさんつくっていきたい。里山をみんなが一緒になって蘇らせれば、そこに必ず人が戻って来るとぼくは信じています。

新潟県の妙高高原や長崎県の雲仙普賢岳では、里山プロジェクトを始めています。

観光客が三〇万人にまで減ってしまった妙高高原に、再び人を呼び戻すために、今、町をあげて風景を蘇らせようとしています。

市長がじきじきに相談に来てくれたとき、二つ返事で引き受けてから、「まず、元気な奥さんたちを一〇〇人集めてください」とお願いしました。

そして妙高高原に出かけて、五〇代、六〇代、七〇代の一〇〇人の奥さんたちに向けて寄せ植え教室を開き、こんな話をしたのです。

「みなさんのお孫さんは、妙高高原によく帰って来るでしょうか。たぶん〝ときどき〟ですよね。もし妙高高原という場所に、もっと魅力があったら足を運ぶ回数が増えるかもしれませんね。じゃあ、今の妙高高原には、どんな魅力があるのでしょうか。魅力が少ない場所に、人が集まるわけがないのです。しかし、県や市には現状をなんとかするだけのお金がありません。だけど、人手はたくさんありますね。そう、奥さんたちのことです。自分たちの力で花を植えて、自分たちの町を変えませんか？」

次に訪れたときには、花が増えていました。集まりに八〇〇人もの人が参加しました。人々の交流も始まりました。それまでは地域内での付き合いはあっても、隣の地域の人たちと接することはなかったそうです。それが、一堂に集まったことで、隣の地域の人とも隣の隣の地域の人とも交流が盛んになっていきました。

観光業を営む奥さんたちは、「お客さんが来ない」と悩んでいました。

「ペンションにお客さんが来ないというけれど、庭に洗濯物を丸見えで干していませんか。せっかく来たお客さんをがっかりさせているかもしれません。それにこのエリアには、ぼくが見てしびれるような庭が残念ながらありません。まずは、一軒一軒がしびれる庭をつくりましょうよ。そしてガーデンコンテストをしましょう」と提案しました。

コンテストでは、ペンション部門、坪庭部門、窓辺の花部門などいろいろな部門をもうけて競う予定です。優勝賞品は、観光協会などで優先して宣伝してもらえること。すると、そのペンションにはお客さんがやって来て繁盛するようになる。それを見た周りの人たちが刺激されて、「うちも、いい庭をつくろう」と頑張り始める。

そんな好循環が生まれれば、町全体の景観が変わり、きっと人が集まって来るようになるでしょう。

また、町のメインロードに一〇キロメートルにおよぶアジサイロードをつくろうと提案しています。町中みんなで繰り出してアジサイを植えれば、最小限の予算ですみます。目標は、観光客誘致一〇〇万人。それだけの人が訪れれば、一〇〇億円の経済効果が出ます。仕事がなくて町を出て行った人も、戻って来るようになるでしょう。

日本は、はっきりとした四季のあるとても美しい国です。なのに、一年間に訪れる外国人観光客は、六〇〇万人に届きません。その数、観光大国フランスの十分の一にも満たないのです。なぜなのか。経済成長と効率ばかりを優先し、風景を軽んじてきた結果なのではないでしょうか。

もともと日本は、四季の移り変わりを町中にいても小さな庭を通して感じ、愛《め》でてきた文化があります。日本の本来の美しさや文化を町の花屋や植木屋が提案していきながら、まずは一軒のきれいな庭のある家をつくる。すると、「うちも庭に花や木を植えてみよう」と思う人が増えたり、「花が増えちゃったから、もらってくれない？」と隣の家におすそわけしたりしながら、花の文化が伝染していくでしょう。

また、妙高高原や雲仙が花でいっぱいになって町おこしに成功したら、隣の町も「うちも真似してみようか」と思うかもしれません。

そうやって、花や庭で、町を変えていきたいのです。

日本に緑の世界遺産をつくったら、どれだけの人が世界中からやって来るだろう。そんなことを、よく考えています。

四一歳で初めてニュージーランドのクライストチャーチを訪れたとき、花と緑の町並みを見て、「すごいな」と感心はしたものの、自分の力で同じ光景をつくれるとは、とても思えませんでした。

それが、チェルシー・フラワーショーに挑戦しているうちに、「自分でもできる」と思えることがぐんと広がり、「ほかの人に、こんな発想できないだろう」と思うことも増えました。技術と発想に自信がついたのです。

だから、花と緑で町おこしをするという発想は、ようやくぼくの手のひらに乗ってきた感じがしています。

ぼく自身がわくわくする空間を、緑で実現していきたい。

「え〜、こんな世界があるの。こんなものがつくれるの」と思ってもらえる庭をつくっていきたいのです。

ぼくの残りの人生すべてを賭けて、花と緑での町おこしに取り組んでいきたい。

やっと本当の意味でのぼくの仕事が見つかったと、五一歳にして思っています。

## 人を幸せにする庭

たたみ一畳ほどの小さな坪庭でも、それがしびれる庭なら人を集めることができます。

長崎の浜の町商店街にある文明堂総本店の店内に、坪庭をつくらせてもらいました。店の外にも五〇センチ四方の小さな庭をつくりました。

文明堂総本店の中川社長は、昔からの飲み友達で、「長崎の町を元気にしたい」とよく話をしていました。地方の商店街が厳しい状況は長崎も同じです。一番の繁華街である浜の町商店街は、郊外にできた大型店に押されぎみ。以前は休日ともなれば、それはすごい人でごった返していたのに、ここ数年、一〇〇円ショップやドラッグストアばかりが増えてきて、商店街としての勢いがなくなりつつあります。

昔から頑張ってきた店に、少しでも元気を取り戻してもらいたいと中川社長はいつも言っていて、「うちの店から、何かを始めてみようか」と坪庭をつくることになったのです。

店内の坪庭は、季節の行事なども取り込みながら、毎月一回つくり変えています。そのおかげか、「文明堂で、今、三六五日の季節を味わうことができます」と地元の新聞社やテレビ局が取材に来て取り上げてくれるようになりました。お客さんからも「店に一歩足を踏み入れただけで、季節を感じられて気分が変わる」と好評で、坪庭の写真を撮って行く人も多いといいます。

肝心のカステラの売り上げも、上がったそうです。

「この坪庭が、商店街のほかの店にとっていい刺激になってほしい」「商店街だけでなく、長崎の町全体を元気にするプロジェクトをやっていきたい」と中川社長とはいつも話しています。長崎をよくしたいという志でつながっている同志の一人です。

そこに暮らす人を幸せにするための庭づくりの仕事も、増えてきています。

たとえば、居住型老人ホームです。ぼくにとって、かなり気合の入る仕事のひとつです。

だって、イメージしてみてください。森のなかにある老人ホームを。

里山の風景のあるエリア、バラ園やハーブ園のあるエリアなどがあり、その風景を眺めながら毎日お茶を飲めたら、幸せだと思いませんか？　庭の一画には畑もあり、野菜をつくることもできます。居住者にとって楽園であるのはもちろんのこと、家族や孫たちもおじいちゃんとおばあちゃんのところに行くのが楽しみになるんです。

場所に魅力があれば、人は何度も訪れたくなります。「たまには会いに行かなきゃね」が「帰らなきゃいけないのが残念。今月、また来てもいい？」になるのです。

居住型老人ホームの話をもらったとき、ぼくはこんな提案をしました。

「一〇〇〇万円で庭をつくったところで、雰囲気がいいなと思える程度の効果しかありません。建物の建設予算から、庭にも予算を回してください。そうすれば必ず、パラダイスのような場所にしてみせますから」

庭の予算に一億円、取ってもらうことができました。今年と来年で、つくる計画です。

また、開業して二〇年の病院の院長が、「二〇周年の節目を迎えるにあたって、患者さんのためになるような改装をしたいんだ」とぼくのところに訪ねて来てくれました。

「病気のときは、どうしても気が滅入りがちになりますよね。病院を緑で取り囲み、花でいっぱいにするだけで、それを見た患者さんの気持ちが元気になるんじゃないでしょうか。深緑のピンと張った葉っぱの勢いを見て、『よし、オレも頑張って病気を治そう』と思うんじゃないでしょうか」と考えを伝え、花や木々に元気を分けてもらったり、心をなごませてもらえるような空間をイメージした「20 thドリームガーデン」のデザインを提案したところ、「ぜひやりたい」と言ってもらえました。予算は当初の想定よりも五倍ほどかかりますが、「それでもかまわない」と院長は快諾してくれたのです。

日本では、建物を建てることにはお金をたくさんかけます。けれど、庭には「まあ、そこにあればいい」といった程度のお金しか投じてきませんでした。

だけど、もっと庭にお金をかけてもいいと思うんです。人の暮らしや営みのなかで、庭が果たす役割はとても大きいからです。

庭を眺めながら「あ、サクラがつぼみを出した。もうじき花が咲くね」と自然に会話も生まれるし、草木の芽吹きにわくわくもする。毎日水やりをすれば、一輪のスミレにだって愛情がわいてきます。ちょっと疲れたときにぼーっと眺めれば、心も休まり、ストレスも消えていきます。

花や木はそこにあるだけで、忙しい生活のなかで忘れてしまいがちな生命の営みを思い起こさせてくれます。大げさかもしれないけれど、花や木々を眺めることで、「自分はここに生きているんだな」という実感をもてるのです。

ぼくは今、五一歳です。子どものころに比べると、生活はとても便利になり、町にある道路も建物もずいぶんと立派になりました。だけど、町並みの風景は寂しくなった。店が増えてにぎやかになったし、夜になっても煌々《こうこう》と明かりは灯っているけれど、どの町も寂しいのです。

それは、里山がなくなったからだとぼくには思えます。オタマジャクシやメダカを捕まえた小川は、もうない。夜にスズムシやカエルの鳴き声が聞こえてくることもない。ホタルが舞うのを見たことのない人は、今の時代にきっとたくさんいることでしょう。

生命の息吹を感じる風景とともにありたいという思いは、誰の心にもあるものではないでしょうか。人類は、その長い歴史のなかでずっと自然と共生してきた。だから、今を生きるぼくたちのDNAにも、自然との共生が刻まれているような気がしてなりません。


花と緑、そして里山の大切さを伝える発信基地が必要なのかもしれません。

「東京の真ん中に、幻のカフェをつくりたい」と、最近ことあるごとに人に言っています。すでに東京の青山に、里山のような店を一軒つくりました。『風花《かざはな》東京』という名前の花屋バーです。昼間は花や緑を売り、夜はバーとして営業しています。

コケで埋め尽くされた壁面には、里山の草や花が植栽してあり、少し離れたところから見ると、町に突然現れた緑の森のようです。店の前のわずかなスペースには小川をつくって水辺の植物を植えました。ホタルの幼虫を放流したので、五月下旬から六月上旬には都会の真ん中にホタルが舞い飛びます。

ここでは月に一度、「男だけの花教室」を開催しています。

スーツ姿の男性たちが仕事帰りに立ち寄って、生け花を活ける。花を活けている時間は、すべてを忘れて没頭でき、とてもよい気分転換になります。一度でも花を活けてみると、町を歩いていても花屋が目に飛び込んできたり、舗装された道路の片隅にけなげに咲いている花に気づいたりしだします。以前よりもぐっと花と緑が、身近になるのです。

東京・池袋の複合施設、サンシャインシティにも、小さな里山をつくりました。『天空の庭　星のなる木』という新懐石の料理店に、二〇〇八年のチェルシー・フラワーショーでゴールドメダルをとった『緑の扉』の一部を再現したのです。ぼくの手がけた小さな里山の空間の向こうには、東京の夜景が一望できます。五九階からの眺望は、それはみごとです。

今、ぼくの頭のなかにある「幻のカフェ」は、『風花東京』や『天空の庭　星のなる木』にもっとたくさんのサプライズを詰め込んだ空間です。

カフェの外壁が野菜畑です。日のあたる壁面には、トマトやゴーヤ、カボチャなど太陽の大好きな野菜が、日陰にはもやしなどが育っています。屋上にも畑。店内も緑がいっぱいで、天井にも、壁にも野菜が実っている。

食事を注文すると、「トマト一個」とか「ネギ一本」という声がして、店員が野菜を収穫に行きます。まさに取れたての新鮮な野菜です。

しかも店内のセンスも抜群。チェルシー・フラワーショーで知り合ったトップデザイナーたちの協力を得て、イタリアの詩人の女性にイスを、南アフリカ共和国のガーデナーにドアの取っ手をデザインしてもらったりと、世界中のぼくの大好きな人たちの力も借りて、店をつくるんです。

すると、ニューヨークやロンドン、シンガポールでも話題になり、「一度、あの石原のカフェに行ってみたい」とわざわざ東京に足を運んでくれる。

今、こんなイメージをリアルに思い描いています。

こんなカフェをつくったら、みんなの緑に対する考え方も変わるはず。都会に暮らす人たちにも、「里山の風景って、やっぱりいいよね。大事だよね」と気づいてもらうきっかけになるんじゃないかと思っています。

北海道の旭山動物園の原生林再生プロジェクトにも携わっています。動物園のなかに、その土地の植生のままの森をつくる予定です。ボランティア参加型で庭をつくって、参加の輪をどんどん広げながら、動物園をみんなで盛り上げていこうというプロジェクトです。

東京の上野動物園では、熊の丘というエリアで、熊の生息地の植生を存分に感じることのできる演出をする予定です。

沖縄でも、五年がかりのプロジェクトを進めています。しばらく放置されていたエビの養殖場の跡地に、自然を存分に感じることのできる海のなかのコテージをつくる計画です。

生態系が破壊されてしまった海にマングローブの森をつくり、自然を蘇らせるのです。コテージに宿泊した人は、海底の死にかかっていたサンゴが元気になっていく姿など、海がだんだんと自然の状態に戻っていくのを目にすることができます。お客さんからいただく宿泊代金の一部が、海の再生に使われる予定です。

建物がどんなに立派でも、それだけではもはや人は集まらない。その一方で、少し安っぽい建物でもわくわくドキドキのある風景があれば、人はそれに惹かれてやって来る。

ぼくにはどんな場所でも庭や森をつくる自信があります。町のあちこちに小さな里山を増やし、自然の姿を取り戻し続けるつもりです。

## 会社を大きくしたいとは思わない

ゴールドメダルを取ったことで、ようやくスタート地点に立てました。これから、世の中に出て行ける会社に長崎の風花を変えていきたいと思っています。

経営者であるぼくにとっては、夢＝戦略です。ゴールドメダルを取って、世界一になるのが夢だと言いながら、同時にそれは経営者としての戦略でした。

ぼくの思い描いている夢が、世の中に、人類に、必要とされているのかを問い続けなくてはなりません。世の中から必要とされない会社は、存続することができないからです。一〇年後、三〇年後、五〇年後に世の中がどのように移り変わっていき、そのときに人は何を必要としているのか。ぼくの夢は、これから先に必要とされることとつながっているのか。五〇年後も世の中に必要とされる会社であり続けるために、ぼくの会社はどのような変貌を遂げなければならないのか。そういったことを考えています。

こんなことを、社会人になって三〇年近くたった今、ようやく思えるようになりました。

もともとは、生け花を習って、花屋がもうかりそうだと思ってこの道に飛び込み、結婚するために「独立します」と言った勢いで始めた会社です。今にいたるまでの間、具体的なビジョンなど、持っていませんでした。ただ、目の前にある壁にぶち当たり続けてきただけです。壁を乗り越えるために、大きな目標や夢を抱いたにすぎません。

五〇歳を過ぎてようやく、世の中に必要とされるとはどういうことか、そのために自分は何をしていけばいいのかがわかってきました。

もうけようということではないのです。

やっと会社を経営する意味がわかったのです。

会社を大きくしたいとは、今はまったく思わなくなりました。

花屋をやって事業を拡大していたときのぼくとは、ほしいと感じるものが変わってきました。ぼくにとって大事なものが、変わってきたのです。

社員の給料がきちんと払えて、社員が自分の家を建てられたり、結婚できたりと、ふつうの生活が送れる。そして、みんながいつもニコニコ笑っていられる。それがぼくの幸せです。なぜなら、社員はぼくの家族だから。

会社の運営に利益は必要ですが、会社がきちんと回っていくだけの利益で十分だと思っています。

庭づくりの売上総利益はだいたい二〇〜三五パーセントです。しかも、お客さんに心から喜ばれた庭ほど、売上総利益は高くなります。

一〇〇万円の庭をつくるとき、一〇〇万円の原価をかけたからといっていい庭になるわけではありません。原価にどれだけ充てたかではなく、その庭にどれだけのエネルギーをかけたか、必死でつくったか次第です。必死さのなかから工夫が生まれます。その工夫が、お客さんを喜ばせるのです。

また、利益率が高くなるのには、「再生植物」も一役買っています。ほかの庭で不要となった雑草、野草を再生させたものを植えると、これが意外と喜ばれる。

というのも、一般家庭で庭をつくるときは、予算がどうしても限られているものです。

そこで、活躍するのが再生植物です。あるお宅の庭をつくったときに、不要になった雑草、野草、レンガ、タイル、割れた植木鉢などいろいろなゴミが出るものです。それを捨てずにすべて持って帰ります。枯れていた雑草、野草には水を与え、再生させます。

捨てているものをどう生かすかも、大切な発想のひとつです。

今、東京の事務所のスタッフは七人、長崎は二〇人です。

小さいけれど筋肉質で、やっていることは世界一。そんな会社を目指しています。

## 花と緑が世界を救う

そろそろ緑のウェーブが来るのではないかと感じています。緑のバブルが来てもいいだろうと、本気で思っています。

現代社会を生きるなかで「こんな世の中になったらいいな」とか「こんな暮らしができたらいいな」とみんなが感じ始めていることに、花と緑の果たす役割は大きいはずです。たとえば、「地球温暖化のせいで海面が上昇し、モルディブという島国が消えようとしている。なんとかしなくては」といった世界規模の話から、「リタイア後の余生は、自然に囲まれて過ごしたい」「休日をのんびり過ごせるような庭がおうちにあったらいいのにな」といった個人の希望まで、みんなの思い描く「こうなったらいいな」のなかに、花と緑が必要とされている気がするのです。

だからぼくも、こんな空想をします。

ＩＴにかけた莫大なお金を、これからの時代は緑にかけてみたらどうだろう。緑を扱う巨大カンパニーができて、「二〇〇〇億円で木を植えるプロジェクトが進んでいるんだよ」

とビジネスマンたちが会話したら、すごいですよね。

たしかに、今はまだ空想でしかないかもしれないけれど、緑化は世界の人々が必要とするビジネスにもうじきなるはずだと思っています。

時代の流れは、もうそこまできている。

趣味としてのガーデニングを越えて、各国が国をあげて緑化に取り組むようになってもいいころなのではないでしょうか。


ぼくは最近、みんなにこんな夢を話しています。

人口は多いけれど仕事が少ない国、……たとえば一〇〇万人の中国の人と一〇〇万人のインドの人が、ゴビ砂漠に真水を引っ張り、植栽をしたらいいと思いませんか。苗は、アフリカで二〇〇万人の人がつくるんです。

四〇〇万人が一斉に作業をして、一年でゴビ砂漠を緑化するのです。

ゴビ砂漠は、中国からモンゴルにかけて広がる総面積一三〇万平方キロメートルの世界で四番目に大きな砂漠です。黄砂の原因にもなっていて、日本にも春先に飛んできた砂で車が覆われたりしています。

このゴビ砂漠を緑化するために、海水真水化装置を使って日本海あたりから水を引っ張ってくる。中国人とインド人が、そのためのパイプラインをつくり、植林します。そして、アフリカ人が苗をつくるのです。

すると、仕事も生じます。アフリカでは数多くの民族紛争が起こり、たくさんの人がその犠牲になりました。なぜ紛争が起こるのか。仕事がないからです。だから苗づくりを彼らに任せたら、仕事ができ、戦争がなくなります。

砂漠を緑化することは、黄砂を止めるだけでなく、新たに食料のつくれるエリアを増やすことにもつながります。まずは一ヵ所、砂漠の緑化を進めることができれば、ほかのエリアも緑化でき、アフリカなどで起こっている食料難も解消されるかもしれません。

地球規模での夢です。本当に実現できるかどうかはわかりません。だけど、庭づくりを通して世界に役立つことがしたい。この話をぼくは生涯にわたって言い続けたいと思っています。

こんな大きなことを、最初に人に言うときにはドキドキするものです。それでも二回、三回と言い続けているうちに、「やるなら、ぼくしかいない」と思い始めます。この間、初めて大阪の講演会で話してみました。最初は自分でも、ちょっと嘘っぽい気もしたけれど、言っているうちに馴染《なじ》んできて、今では「真剣に、やりたい」と思うに至っています。

夢は人に語ることです。言い続ければ、必ず近いところには行けます。そして実現できるのです。ぼくは世界一にだってなれました。

世界一になるんだという夢も、最初は人から「バカじゃないの」と思われていました。だけど、「何をいっているんだ、バカじゃないか」と言われれば腹が立つから「絶対にやってやる」と自分を熱くすることができます。言えば何かの反応があります。その反応を、バネにして自分の活力にしてしまうのです。

仮に、とんでもないことだとしても、「言う」ということは発想しているということ。だからできるはずなのです。月に行くことだって、最初は誰かの発想だったはずです。発想があったから実現したわけです。

発想するから行動できる。そして形になっていく。

夢はできるかぎりでっかい夢がいい。夢以上には、自分も会社も大きくはなれません。抱いた夢が私利私欲ではなく、心から「世の中が必要としている」と思える夢なら、可能性は必ずあります。なぜなら、世の中から消えてなくなるものは、世の中から必要とされていないものだからです。

必要とされている夢ならば、その夢の一部に自分もかかわりながら、その仕事で食べていけるようになれるのです。

夢は、自分で叶えられそうな目標をちょっと超えたくらいのものがいい。

ゴールドメダルをもらったことで、ぼくの話に耳を傾けてくれる人が出てきています。何かのきっかけでウエーブが出てきさえすれば、大きなこともできそうな気がするのです。たとえば、この本が話題になって売れ、映画になって、それをほかの国の人たちが見て「たしかに、そうだ」と思ってウエーブが広がっていく……。

そんなふうに考えてみると、大きな夢だって実現できそうだとは思いませんか？

ぼくの話を聞いた人が世界遺産の団体や国連の人で、「なるほど、やってみようか」となることだってあるかもしれません。

先進国の人たちはみんなわかっている。なぜ暴動が起きるのか、なぜ石油産油国で戦争が起きるのか。すべては利権と貧富の差です。搾取されている人が暴動を起こしているのです。

だとしたら、やらなきゃいけないことははっきりしています。

ぼくの言っていることは、打ち上げ花火かもしれません。それでも、花火を打ち上げ続け問題提起をしていけば、何かが動き始めるのではないでしょうか。

花と緑は、大きな力を秘めています。

ひとつの事例を紹介しましょう。

民族紛争が激化し、多くの人が犠牲となったボスニア・ヘルツェゴビナで、今、「コミュニティ・ガーデンプロジェクト」が盛んに行われていると言います。一九九二年から三年半の間、セルビア人、クロアチア人、ムスリム人が領土を巡って争いを起こしました。もともとは平和に共存していた人たちが、憎しみ合って、殺しあいをするようになってしまったのです。

そんななか、ひとつの畑が、人々の憎しみを流し去りました。

戦争で食べるものがなくなったとき、それまで殺しあっていた人たちが、ひとつの畑で野菜をつくり出しました。協力しあうなかで、再び人々が結びつきを深めていったといいます。食べ物を一緒につくることで、仲良くなったのです。

今、首都サラエボには、一〇〇を超えるコミュニティ・ガーデンで民族を超えて協力しあっている人たちの姿が見られるのだそうです。

# 第5章
# ぼくは仕事から すべてを学んだ

## 夢を語れば、実現する

夢は、人に語ったほうがいいのです。いや、語らなければダメなのです。人に言うことによって自分にプレッシャーがかけられる。それがいいのです。

途中で「言ってもダメだった」とやめることなく、実現するまで言い続ける。実現しないなら死ぬまで言い続ける。

そうすれば、嘘にはなりません。「ああ、この人は本当にやりたかったんだな」とみんなから思われて、人生を終えることができます。

二九歳で独立をしたときの夢は、長崎で一番の花屋になることでした。花の仕入先もなかった状況でしたが、ぼくはみんなに言い続けていました。

借金まみれのときに「世界一になる」と言ったときだって、その状況で言うのは勇気のいることでした。けれど、人に言うことによって、言い続けることによって本当のことになっていきます。

たとえ思いつきだとしても言い続けること。そうすれば必ず実現するのです。自分のなかでも「本当のこと」になっていくし、周囲にも伝染していく。助けてくれる人が出てきたり、出会いがあったりして、新しい情報も集まってきたりする。何かが少しずつ動き出します。

言い続けるって大事だなと思うのです。発想できるということは、あとは行動し、努力していけば実現できるはずなのですから。

## 突き抜けるには

四六歳でどん底の底にいるとき、これでもかという借金を抱えながら、チェルシー・フラワーショーのためにとどめで二五〇〇万円の大金を使いました。

「世界一になるしか生きる道はない」と決めたとき、吹っ切れるものがありました。

突き抜けるには、ハングリーになるしかない。

そして、「何がなんでも、これをやるんだ」と決意して、本気で悩むことです。

悩んでいないのに、「なんか最近、突き抜けていないんだよな」と口だけで言っているのは逃げているだけ。目の前の仕事を必死でやっていない証拠です。

目の前の仕事を必死でやること自体が、悩むことです。

たとえば「この本の題名を何にしようか」と考え続け、悩む。すると、何かのときにヒントが見つかり、ポンと突き抜ける。その積み重ねです。

ぼくの場合は借金があったから大きく突き抜ける必要がありました。でも、みんなが大きく突き抜ける必要はないはずです。日々のことで悩めばいいのです。

その代わり、とことん悩むこと。

目の前の仕事をするなかで、もっといいアイデアはないか、もっといい方法はないか、本当にこれでベストなのかと問い続け、悩み続けていれば、「これだ！」と思える瞬間に出会えます。そして全力で実行すれば、その仕事に区切りがついたときに「うわぁ。今回はやったぞ」と達成感を味わえるはずです。

それが、突き抜けるということなのです。

## 「できない」と言った瞬間に、すべては終わり

どんなシチュエーションであっても、ぼくは「できない」とは言いません。

「できない」と言った瞬間に終わりだと思うからです。

「やったことがないから、できない」と思ってしまったら、新しいことに挑戦できるチャンスを逃します。

「これがないから、できない」と言ってしまったら、その時点で自分自身に負けることになります。

そもそも、最初に庭づくりをしたときのぼくは、未経験者でした。

庭づくりを始めたのは、三五歳ごろ。偶然に、向こうから仕事がやってきたのです。

花の苗を配達に行ったときのこと。お客さんに「ついでだから、植えて」と言われて植えると、「上手やねぇ〜。さすがちがうね、石原君」と言ってくれたのです。「ありがとうございます。庭つくるの得意なんですよ」と、調子に乗って答えるぼくに「じゃあ、庭の壁なんかもつくれるの？」と聞かれたのが、最初の庭の注文でした。

ぼくは花屋です。壁づくりの経験など、あるわけがありません。

でも、やったことがないなら、できるようになればいい。

さっそくホームセンターに行き、材料を買いながら、店の人に壁のつくり方を根掘り葉掘り聞きました。一夜漬けならぬ、一時間漬けです。

材料を抱えて庭を注文してくれた家に行き、「ここにタイルを貼ったら、素敵ですよね」なんて言いながら、庭を仕上げました。やったことがないふりなど、おくびにも出さず、初めての庭をつくったわけです。

これをきっかけに「これからは、ガーデニングや」と庭もぽつぽつ手がけるようになったのです。

今、自分のできる力の範囲で、お客さんをどう喜ばせることができるのかと考え、ベストを尽くす。

「やったことがないから、できません」「ここの状況が想像とちがったのでできません」と思ってしまうこともあるかもしれません。しかし、そう思った瞬間に終わりです。ギリギリまであきらめないことが大切なのです。

部下がこんなふうに言ったとき、ぼくは何も言いません。代わりに、ぼくが動いて、ぼくが探してきて、形にしていく過程を見せています。

仕事をしていくなかで、「やったことがない」「状況が整っていない」という事態になったとき、多くの人はあきらめてしまいます。でもぼくは思うのです、自分のなかで勝負をしてみろと。

「必ず自分で満足だと思える仕事をするんだ」と毎日思ってやっていれば、絶対に腕は磨かれていきます。「まあ、こんなもんか」と手を打ってはいけないのです。

あきらめるのか、あきらめないのか。その積み重ねで変わってくるのだと、ぼくは思います。

## 自分からノックする、会いたい人に会う

すべては自分からノックすることです。

誰かの紹介がないから会えないとか、社長の名刺をもらったときに躊躇《ちゅうちょ》してドキッとしてしまうとか、順番としては部長から会わなきゃとか、自分で勝手に理由づけをして動き出さないことは往々にしてあるものです。

でも、そんなときこそ正面突破で、会いたい人に自分からアポを入れていくのです。それを続けていく。チャンスは自分の手で切り拓いて、つかみとるものなのです。

会いたい人に会うことによって、その人の話が聞けるだけでも、世界が変わります。

会いたいと思ったら、今すぐ電話をしないといけません。明日にはまた、気持ちは変わ

ってしまうものですから。
思いついたら、すぐ行動です。

## いいと聞いたら、とにかく見に行く

気になる話を聞きつけるたびに、ぼくはあちこち見に出かけていました。三五歳のころからです。

いい花屋があると聞けば、見に行きたくなります。「どうしてそんなに売れているんだろう」と、大阪、東京の花屋を始め、全国いろいろ行きました。花の業界誌に取り上げられている花屋があれば気になります。だから見に出かけて、自分がいいと思ったことがあれば、売り方、ディスプレイの仕方などを盗みました。

けれど多くの場合は、見た瞬間はいいと思っても、いざ長崎に帰ってみると「何かがうな」と思ったものです。寄せ植えにつけられたしゃれた名前だったり、メッセージカードの色だったり、一部のものは取り入れたけれど、花屋としての見せ方や花束のつくり方など、花屋の根幹にかかわることは、真似をする気にはなりませんでした。

ぼくは、自分のスタイルにこだわりたかった。東京やパリの花屋で見たものをそのまま真似したところで、意味がないのです。

長崎には長崎のお客さんがいる。土地がちがえば、求めるものもまったく別です。店の前はどんな人が通り、どんなマーケットがあるのかが、何よりも大事なのです。

いろいろと見に出かけたことは、直接的には役に立たなかったけれど、見比べることは、「自分のスタイルってなんだろう」と考えるいい機会になりました。

「あの店はこうしてたけど、自分ならこうする」といったことを考えれば考えるほど、自分のオリジナルも磨かれていきます。比べることで、自分の得意技もよくわかるようになります。

ほかの店を見たことは、自分自身のやり方を明確にしていくのに非常に役立ったと思っています。

## みんなの驚く顔が発想の源

ぼくのアイデアの源は、みんなの驚く顔です。

チェルシー・フラワーショーでぼくの庭を見ている観客の驚きながらも幸せそうな顔を思い浮かべて「この人たちが、想像したことのない庭をつくろう」と、日本にいる今も思っています。

チェルシー・フラワーショーに出展しているほかのガーデナーたちは、手がけるプロジェクトが大きい分、一年間で五〜一〇ほどのプロジェクトしか、かかわりません。ぼくは、一〇万円の庭から一億円の庭まで、泥んこになりながらいくつもいくつもつくります。

数多くのものを手がけている分、たくさんのお客さんに会っています。

一人ひとりのお客さんが、ぼくにとっての審査員です。

細かい注文をつけてくる人から、お任せの人まで、いろいろな性格のお客さんに会って、どうすれば喜んでもらえるかと毎日向き合っている分、喜ばせる方法が体に染みついています。

世の中にまだないようなものを考えよう。アニメ界の巨匠・宮崎駿《はやお》さんだって考えつかないような庭を考えてやろう。

毎日、そんなふうに思いながら、あれこれ頭のなかでイメージしています。

以前と似たものをつくっても、人は驚いてはくれません。

だからこそ、ありえないような庭ってないかなと、いつもいつも考えているのです。

## まずは自分がわくわくできるか

これまで、数千件という数の庭をつくってきました。だからぼく自身が、ふつうの庭ではもう驚かなくなっています。

人を驚かせる前に、まずぼくが驚かなければダメなんですね。

「この庭、いいじゃないか。すごくわくわくする」とぼく自身が思えないと、人を驚かせたり、感動させたりすることはできません。

水族館も見た、旭山動物園も見た、イギリスのガーデンも見た。世界中いろいろ見たなかで、それらを超えられる空間をつくりたいのです。世界中のアートや世界遺産を超えるような空間。

人を驚かせるには、わかりやすさがとても大切です。現代アートはたしかにすごいかもしれないけれど、わからないという人もいる。それでは、ダメ。

見た瞬間にお客さんの悲鳴が出る。説明は、一切いらない。そんな庭をつくりたい。

どうすれば驚かせることができるのかを、いつも考えています。

この電線を植物でいっぱいにしたら、どうなるだろう。信号に巣箱をつくったら、鳥が入るかな。六〇階建てのビルの壁面にすべて花が咲いていたら、ラブリーだよな。湖のなかに庭があったらどうだろう。湖面にはものすごくきれいなスイレンやアヤメが咲いていて、それを下からも覗けたら素敵だな。

そんなことを移動中に目にした風景を見ながら、考えています。

## 日常の仕事のなかにこそ、大切なことはある

チェルシー・フラワーショーで世界のガーデナーたちとの交流ができました。

ゴールドメダルを取った人たちと「ワールド・ランドスケープ・ネットワーク」という組織をつくりました。ゴールドメダリストたちで、世界中を花でいっぱいにしようという趣旨のネットワークです。ボランティアで、いろいろなプロジェクトができたらいいね、と話しています。

ぼくには、彼らに話していないことがあります。

日本で大きな仕事だけでなく、五万円、一〇万円の庭もつくっていることです。庭への意識の高いヨーロッパでは、チェルシー・フラワーショーに出展するような人たちは、セレブリティです。彼らは、ものすごく大きなプロジェクトばかりを手がけています。五〇億、一〇〇億円の規模の仕事をしている人たちは、デザイン料だけで施工費の三〇パーセントを取るのもふつうです。移動は自家用ジェット機という人もいます。

一方ぼくは、五万円、一〇万円の庭を今でもつくる。

だけど、彼らに負けているとは思いません。夢のある庭づくりなら、ぼくのほうが得意だと思っているからです。

それに、一つ一つの日常の仕事にこそ、大切なことがあると思うのです。

大切なものってなんだろうと考えたとき、ぼくにとっての究極は「愛」です。

「愛のある一軒の花屋が町にあることで、町が変わり、人が変わるのだ」

と、花屋を始めたときから、ぼくは言い続けてきました。

年金生活のおばあちゃんに、「どうしても石原君に頼みたい」と言われれば、その瞬間にぼくの心に火がつきます。そのとたんに金額など関係なくなり、「伝説の五万円の庭をつくってやろうじゃないか」と奮い立ちます。もちろん、一〇〇〇億円の庭だってつくってやるぞと思ってますよ。

ぼくにとって大切なのは、愛をもてる庭かどうかです。

自分がやりたいと思える仕事をすることが何よりも大切なのだということに、長い紆余曲折の末、たどり着きました。

## ギリギリまで悩んで、ベストを尽くす

ぼくがここまでやってこられた最大の理由は、いつも「とにかくお客さんをびっくりさせてやろう」と思ってきたからでしょう。

自分が「これだ」と思う発想やアイデアは、常に、ギリギリのところまで悩み、考えるから生まれます。もし、アイデアが出てこない人がいるとしたら、それは悩む奥行きが足りないのです。ギリギリいっぱいのところまで悩んで考えれば、出てくるのです。

数をつくればコツがわかってきます。つくった数の多さが大事です。ただ作業としてやるのではなく、いつもいつも「お客さんをどう喜ばせようか」「驚かせようか」ということばっかり考えてきた。だから、進歩できた。

ギリギリまで悩むことを、いつもやっているかどうか。そこに大きな差が生まれます。

そして、目いっぱいの量の仕事をしていく。

月に一、二件の庭をつくるペースではダメです。ぼくは一日に一〜三件の庭をかけもちして仕上げてきました。そんなガーデナーは、ほかにいないかもしれません。

なぜぼくが、それだけの数の庭を手がけることができたのか。

人がやらない仕事もしたからです。

五万円の庭など、植木屋さんは「そんな金額ではできない」と断るでしょう。ぼくは、「五万円？　もちろんやります」「一万円だってやります」とほかの人が手を出さないような庭も、喜んで引き受けてきました。絶対に、断りませんでした。そして、いつもお客さんを喜ばせようとしてきた。

毎日のコツコツとした積み重ねが、今のぼくをつくってくれたのだと思っています。

## 目標があれば、すべてが学びになる

目の前にある仕事に必死に取り組んでいれば、日常生活のなかからだって、いくらでも学ぶことはできます。

本屋があれば立ち寄って庭の雑誌や本を読み漁り、ほかの花屋がどうなっているか、いつだって真剣な眼差しで見ていました。庭もそうです。

一生懸命やれば、仕事以外の時間であっても、すべてが気になります。盗むし、真似するし、情報をいつも取り入れようとします。そのなかから、いいと思ったものをどんどん足していくのがぼくのやり方です。

ものごとを極めるのに、素質や才能は関係ありません。

もし素質があるとしたら、練習をする素質です。

一日五時間の練習をする人と、一日一〇時間の練習を一〇年続けられる人がいるとしたら、後者が練習する素質のある人です。

一〇年たてば、その差は歴然としてきます。それだけの話。

ではなぜ、ハードな練習を続けられるのかというと、いつも高いところを見ているからでしょう。自分はこうなりたいというイメージや目標を高いところに置いて見続けているから、頑張れるのです。そして少しずつ目標を高めていけば、五年後一〇年後の自分は、大きく変わります。

長崎のテレビ番組で、月に一回、庭づくりをしていました。カメラが回るなかで庭をつくるというのは、テレビの向こう側にいる視聴者から「すごいね」と言われなければならないということ。だから、より必死になる。毎日張っているアンテナもおのずと高くなります。

いつも、以前の自分の作品を超え、サプライズを感じさせないと、そこで終わってしまうとぼくは思っています。それも、ぼくの必死さの理由です。

四六時中、いつもいつも「どうすれば、この仕事をもっとよくすることができるのか」「目の前の課題をクリアできるのか」とひとつのことを追求して考え続けることです。すると、町を歩いているだけでも「あ、これだ」と学ぶことができます。

必死になることとです。

## 勝ちパターンを知ると、人は変わる

ほどほどの仕事しかできない。頑張れない。

そんな悩みをもっている人もいるかもしれません。

でもそれは、「勝った経験」がないからではないでしょうか。

長崎の風花に西村という入社三年の社員がいます。一カ月のうち五回くらい「お腹が痛い」といって休むヤツでした。「朝、西村に電話したけど、通じないぞ」というと、「お腹が痛いから休むと電話がありました」という調子。しかも、電話をかけてくるのはお父さんです。東京に呼んでみても「あいつの背骨には竹をさして、背筋を伸ばさなきゃいかん」とみんなに言われるようなタイプでした。

この西村が先日、大きな契約を取りました。それまでは、営業成績はいいときで月一〇〇万円から二〇〇万円で、三〇〇万円の売り上げ目標には達していませんでした。ゼロの月も何カ月もありました。それが、一〇〇〇万円の契約を取ったのです。以前、契約がまとまらなかったお宅に久しぶりに電話をしてみた結果でした。

西村がぼくに電話で知らせてきたときなど、「一〇〇〇万円の庭が決まりました!」と、それまで聞いたことのないような声のはり。今まで「報告しろ」とさんざん言っても、一度もぼくに電話してきたことのない人間が、何度も電話をかけてきました。よほど、うれしかったのでしょう。

それからというもの、西村は変わりました。腹痛もなくなった。今では営業成績がブッチギリでナンバーワンです。

彼は、これまでの人生のなかで「勝ち」を味わったことがなかったのかもしれません。二七歳まで、何かで一番になったことがなかったのでしょう。

勝つ体験をしたことのなかった男が、初めての大きな勝ちを手にして、周りのみんなからも「すごい、よくやった」と褒められ、認められた。その結果、ものすごく頑張るようになった。そして今、世界一のガーデナーのいる会社で、営業で一番になれたのです。

もともとセンスはあるヤツでした。提案書を書かせると、デザインセンスがいいのです。けれど、精神的に弱かった。だから自分の力を生かせなかった。

この契約をもらうとき、ぼくも一緒にお客さんのところに同行して援護射撃をしたのですが、そんなことはどうでもいいのです。彼には、勝つ体験が必要だったし、これをきっかけに勝ちを知りました。

どん底の男ほど、変わる可能性があるんだと西村の変貌ぶりから思わされました。

とにかくひとつ、大きな成功体験をすれば、必ず変わります。そこから勢いに乗り、さらなる成功体験を積み重ねれば、それが自分の「勝ちパターン」となり、仕事の武器になっていくのです。

## オンリーワンをもっているか

ぼくは絵を描くのが下手です。細かな原価計算もできないし、計画書をつくるのも苦手。パソコンも使えません。けれど、庭なら絶対に誰にも負けません。

小さくてもいいからこれだけは誰にも負けないというものをもつ。それが大切です。パソコンの打ち込みは、誰よりも速い。それだってひとつの、突出した仕事の証です。

みんなが世界一になる必要はない。代わりに、オンリーワンになればいい。

でも、今、オンリーワンをもっている人が少ないようです。だからこそ、チャンスあり。なんでも屋では、ダメなのです。なんでもできると思っている人は、実はすべてを中途半端のまま済ませてきているにすぎません。まずは、そのことに気づくことが大切。そして、中途半端になっているもののなかでも、「ちょこっと得意なことは何か」を意識して、得意なことを伸ばすような仕事をしていくのです。

ぼくは社員の「ちょこっと得意なこと」を見つけ、「お前は、とにかくこれをやれ」と言っています。そうやって一人一人が得意なことを磨いていくことが、会社にとっての財産になります。会社はチームです。誰かが足りない部分は、ほかの誰かが補えばいいのです。与えられた環境のなかで仕事をしているとしても、やっぱり自分の得意なことは探さないといけない。

もし今、ちょこっと得意なことさえないとしたら、「お前、おかしいぞ」と言われるまで働いてみてはどうでしょう。きっと目立ちます。もし周りが、ほどほどの仕事しかしていないのだとしたら、よけいにチャンスです。まず、一カ月やってみるのです。

その代わり、死ぬほどやってみる。

必ず誰かが見ています。そして、次のチャンスは必ず訪れます。

「土日はちゃんと休みが取れなきゃいやだ」とか「残業はしたくない」などと言わずに、一度、目の前にある仕事を必死でやってみることです。ギリギリいっぱいまでやれば、何かが見えてくるはずです。

## 世の中にやる気のないときほど、チャンスあり

人にはそれぞれの役割がある。みんなが独立して社長になる必要はありません。

ぼくは大きなことを言って自分を追い込みながら、ときにリスクを背負ってやっていくという星の下に生まれただけ。

誰かの下で頑張りながら一生を終えたいということだって、ひとつの大きな道です。

だけど、仕事をやるからには一生懸命やったほうがいい。

今、一生懸命やっている人は、チャンスです。一生懸命やればやるほど、頑張っている人との出会いも広がるでしょう。

グチばかり言うような人がいるなら、そういう人とは時間を過ごさないことです。その人たちはその人たち。自分とはベクトルがちがうのだと思えばいいのです。

ぼくと出会って辞めていく社員もいます。でもそれはそれでいいのだと思います。

組織に「仕事ほどほどタイプ」ばかりが増えてしまったら、そのときはメンバーをぼくなら変えます。きみはきみの生き方がある。自分の人生を生きてほしいと言って。

世の中にやる気がないときほど、ほどほどの頑張りの人が多ければ多いほど、実はチャンスなのです。

## フリーターも、夢をもて

ぼくも二〇代はフリーターでした。花屋のアルバイトをしながら、引越しのアルバイトもしたし、ビラ配りもした。だけど、すさんだ気持ちになったことは一度だってありません。夢がありましたから。

それに目の前の仕事を必死でやれば、仕事は楽しくなるものです。

とはいえ、花屋になりたいと思ってアルバイトを始めたぼくですが、二五歳で独立に一度失敗したあと、夢が消えかけていました。今のぼくがあるのは、勢いに乗ったから。妻と結婚したくて、勢いで「花屋をやる」と言っただけ。

好きな子がいたら、精一杯、かっこつけますよね。その勢いで進めばいいのです。

もし今、彼女がいないなら、好きな子に精一杯アタックして、あきらめないで自分の真心を伝えるんです。そして、そこで気を抜かず、彼女と結婚するために頑張るんです。男って、なかなか自分一人だけのためには頑張れない生き物ですから。

派遣社員だろうとアルバイトだろうと、小さくてもいいから明確な目標をもつことです。

将来は正社員になりたいとか、この車が買いたいとか、旅行がしたいといったことでもかまいません。

「どうせ自分は、アルバイトだから」と、グチばかりこぼしていても、大切な時間を浪費するだけ。目標がないから、グチになる。

とりあえず、二カ月先の目標を決めるのです。「あのパソコンを買いたいから、働いているんだ」と思えば、やる気も出ます。アルバイトだからていよく使われているんだと思っているのと、パソコンを買いたいからアルバイトとして働いて頑張ってお金を貯めているんだと思うのとでは、一生の過ごし方に大きな差があります。

マイナスに考える人は、どんどんマイナスに考えてしまうものでしょう。

でも、人生の同じ時間を過ごすにしても、マイナス発想の人とプラス発想の人とでは、全然ちがうのです。

ジッポーのかっこいいライターをどうしても買いたい、あの皮ジャンがどうしてもほしい。だから頑張る。その繰り返しだっていいじゃないですか。

すると、まず二カ月が楽しくなる。その二カ月が楽しければ、次も頑張ろうと思える。

ジッポーのライターを買った、オーディオを買った、パソコンを買った、バイクを買ったとやっていけば、そのうち飽きてくるでしょう。そうなって初めて、「打ち込めるものを決めなければ」と決心して、本当の夢がもてるかもしれないのです。

今まで一〇〇円ショップのハンカチを買っていた人だって、もしポール・スミスのハンカチがほしいと思ったなら、一度買ってみればいい。

やりたいと思ったことを、やってみる。できればワンランク上を狙ってみる。一杯三八〇円の牛丼は食べ飽きた。ちょっと財布に厳しいけど、今日は焼肉を食べるぞ。すると「また、明日頑張ろう」と思えるはずです。

正社員、非正社員といったくくりは、もはや形骸化しています。正社員だとしても終身雇用が保障されているといったことは、今の時代にはありません。日本を代表するような大手企業だって、不況になれば間違いなく正社員を削減していきます。

自分をはっきりもつ人が生き残れます。

ぶれない自分をもつこと。たとえ小さくても「これを頼まれれば、自分は得意」と思えることをもつのです。「お客さんへの笑顔には自信がある」「提案書を書かせたら、うまい」「多少ミスもするけれど、人として信用できると思われている」。そんなことでいいのです。

人に使われていると思った自体で、終わりです。

もし、今の状況から抜け出したいと思うのなら、働く時間をいいものにしようと発想を変えることです。

自分のちょっとでも得意なことは何かと考え、それを伸ばすようにしてみる。できるようになりたいことは何かと考えて、身につける機会を窺《うかが》う。

すると、仕事へのかかわり方が変わり、自分も変わっていくはずです。

## プラス発想の練習を

一日のなかに、小さなご褒美を入れながら、プラス発想で毎日を過ごす。今日の一日をプラスにしていく練習をするのです。

マイナス発想の人は、マイナス癖がついています。たとえば、「今日は、雨だったから売れませんでした」で終わってしまったら、どんよりとした気分を翌日に持ち越すことになります。それが続くと、「どうせやったってダメなんだ」「しょせん、この程度なんだ」とマイナス発想が固定化されてしまいます。

同じ状況にいても、「今日は雨だったので、店のなかをきれいにしました」と言えれば、その日をプラスで終わらせることができます。すると、「お店もきれいになったし、明日も頑張ろう」とやる気を減らさずにすみます。

仕事をするなかで「どうしてうまくいかないんだろう」と落ち込むことは、ぼくにもあります。そんなときは、五分だけガッと落ち込み、そのあとで、「今日、おいしい店でも見つけようか」と出かけて「おいしいものが食べられてよかったね」と満足する。

社員に電話をかけまくるときもあります。「今日どうだった？　新規案件取れた？　うわ、よかったね」と言って、自分の気持ちを上向きにするきっかけを探すのです。

何もないときは、いつもの発泡酒をビールに変えるといったことだっていい。「今日はキリンの高いビールを買おう」とスルメと一緒に買って帰って、音楽をガンガンにかければ、「贅沢だな～」という気分になれます。

夕方、ビルの外にふと目をやったとき、「うわ、空がきれいだな。こんな夕焼けが見られてラッキーだ」と感動することだって、自分の気持ちを上向きにすることです。

ちょっとしたきっかけを見つけて、自分の気持ちを引き上げていきます。毎日を気分よく過ごすための練習をするのです。

「頑張ろう」とか「やってやろう」とか「意外といいじゃない」といった気持ちでいられ

るかどうかは、仕事のパフォーマンスに大きく影響します。

だからこそ、プラス発想で、気持ちをいつも上向きにしていくのが大事。

毎日トレーニングすれば、プラス発想は身につきます。

人生は、本当にちょっとの考え方の差だと思うのです。

## 人の悪口は言わない

普段明るい人ほど、暗い面ももっているものです。ぼくだって、落ち込みます。

たとえば、仕事でクレームが来れば、その瞬間ものすごく落ち込みます。ひとしきり落ち込んだあとに、「一〇〇倍返しでいいものをつくってやれ」と思うようにしています。

「あの人は、なんであそこまで言うんだ」と恨むようなことはしません。恨みは自分に返ってきます。恨む心は最悪です。

誰かに出資したり、お金を貸したりして、返ってこないこともあります。そのときも、貸せるお金があったんだと考えます。

人のことを悪く思ったときは、自分を振り返ります。自分は一〇〇パーセント完璧なのかと考えると「そんなことないよな」と思って、人を許すことができます。あの人は、最悪だと感じたときも、トイレに行って「でも、いいところもあるよね」と言い聞かせます。

人の悪口を言い始めると、自分が頑張れなくなるからです。

「あの人のせいでこうなった。あの人は最悪だ」と思う裏側には、自分は悪くないという気持ちがある。一度、そう思ってしまうと、「これがうまくいかなくても、自分の責任じゃない」という逃げの気持ちが生まれます。それじゃあ、頑張れるわけがない。

人を悪く思ったことは、必ず自分に返ってくると思うのです。

## 社員一人一人の個性を生かす

社員みんなが家族のような経営をやりたいな、と思っています。

だからぼくは、優秀な選手だけを集めてくる巨人軍的経営をしようとは、まるで考えていません。

西村以外にも、毛色の変わった社員がいます。デザイン画担当の小田です。

彼は、デザイナー募集をしたときに、ガンダムの絵を描いて持ってきたヤツです。「うちはガーデニングの会社なのに、ガンダムを持って来るな」と面接で叱ったのですが、小田は「ぼくは昔、ガンダムの絵を描くアルバイトをしていたんです」と言うのです。面白いヤツだなと思って採用を決めました。

小田は、人とのコミュニケーションがすごく下手なタイプで、一度庭づくりの現場に出してみたのですが、まるでダメ。こいつは絵しかないんだなと思いました。

あるとき、「小田をスターにしたい」と思い、絵本を描かせました。自費出版をした、『ロバ引きの花屋』です。すると、あたかも目に涙が滲んでいるようなロバの目を描いたりと、なかなかのものでした。とてもいい絵を描きます。ぼくのイメージをあうんの呼吸でくみ取ってデザイン画を描いてくれるから、とても安心です。

「どうすれば、こいつを一番生かすことができるのか」と真剣に考える。それが、人材を生かす秘訣です。

ぼくは最近、花が好きというよりも人が好きなんだなと思うようになりました。お客さんの喜ぶ顔が見たいから必死になって庭をつくる、社員がとにかくかわいくて家族のように思えるから、仕事を頑張れたのだと思うんです。

会社の経営が厳しくて、給料が二、三カ月遅れたこともあったけれど、彼らは何も言わずについて来てくれました。そんな社員たちと一緒にご飯を食べるときに、「金がないから、安いのを頼んで」なんて、とてもかっこう悪くて言えません。自分が食べなくても、「お前ら、パーッといけ、パーッと」と言いたい。ぼくにできることなら、なんでもしてやりたいと思うのです。

仕事以外でも、社員との間にいろいろな思い出がある。それも楽しい。社員とみんなで一緒に、死ぬまで楽しいことをやっていきたいし、死ぬまで一緒に庭をつくれたらいいなと思います。

ぼくのバカな夢も、こいつらが支えてくれたんだ。

そんなことに、ようやく気づけました。

## チームづくりとモチベーション

その場にいる人たちの現実を見据えて、どう生かすかを考えていけば、どんな人でも、どんなチームでもうまく回していくことができます。

社員の至らない点が目についたとき、以前はよく叱っていました。けれどそれは、自分が思うように相手が動いてくれないことへの怒りでしかなく、「なぜ、こうやって動けないんだ」といらだったところで、何も変わらないのです。

自分の期待する人間に仕立て上げようとしても、うまくいくはずがない。

それよりも、相手の特長を見ながら、どう生かせばいいかを考え、褒めていったほうがやる気になってくれるし、伸びるのです。

まなび野の森にある花屋は、小売り二〇〇万円が月の売り上げ目標です。その売り上げに達したときには、五パーセントの配当を出し、アルバイトも含めてみんなで分けるしくみにしています。

目標達成すれば、給料以外に一〇万円を六、七人で分けることになります。ちょっとした報奨金です。直接手渡すのですが、「あなたのディスプレイがよかったからだね」とひとこと褒めて渡すようにしています。

すると、目標達成に自分も貢献したんだなと感じて自信がつくから、「もっと頑張ろう」と思うようになります。末端の人にまで、「あなたのこれのおかげで、こんな成果が上がった」と伝えることで、一人一人が光ってくるのです。

頑張っても達成できそうもないときもあります。そんなときこそ、上司の出番です。みんなに自信を失わせないためにも、上の人間は、なんとかして達成をさせなければなりません。ぼくが東京の現場で使う材料の注文を長崎の風花にこっそり出すこともあります。こんなことを書くと、社員にバレてしまいますけど。

チームをよくするために大切なのは、「こいつをオレの思うように変えよう」とするのではなく、一人一人をどう生かすかです。

庭をつくるときと同じです。捨てるような植物でも、再生させて、再び活躍させる。社員の力を生かすも殺すも、上司次第なのです。

## リーダーがヌケているほうが、チームは伸びる

会社は、チームで動いています。一人ひとりの「頑張るぞ」という気持ちを高め、それぞれの能力を最大限に発揮してもらえるような環境をつくることが、とても大切です。

じゃあ、どうすれば社員が「頑張ろう」と思える環境ができるのか。ぼく自身も驚いたのですが、リーダーがちょっとヌケていることが、みんなの力を引き出すこともあるのです。

二〇〇八年の秋から、渡辺に新社長を任せることにしました。渡辺は、ぼくが独立して二年目にアルバイトとして風花に入り、ずっとうちで働いている男です。社長になる前の肩書きは、ガーデナー。平社員でした。当初、渡辺の社長就任に対して、一部の社員からは「まだまだ、任せるには早すぎる」と大反対されていましたが、渡辺が社長になって以降、すごい業績なのです。

というのも、「渡辺さんは、けっこうへまが多い」と社員たちは思っているようで、「ぼくらがしっかりして、渡辺さんを支えなきゃ」とみんなが頑張りだしたのです。実は渡辺は、ヌケの多いヤツなんです。

前社長は、銀行出身の友人で、優秀な人でした。けれど上司が優秀な分、社員たちは「言われたことを叱られないようにやればいい」という気持ちだったのかもしれません。

それが、社長が渡辺に代わったとたんに、社員が一丸となって頑張り出しました。「自分が頑張らなきゃ、会社がマズイことになる」とみんなが思ったことが、一人ひとりの力を引き出すことにつながったのです。水くみアルバイト出身の生え抜き社員だった渡辺が社長になったことで、みんなも夢が持てるようになったこともあるでしょう。

社員の笑顔も増えました。

リーダーは少しヌケているくらいのほうが、下は伸びるのです。

顧問となった前社長も、今、大活躍してくれています。先日も、彼がもってきた一億円の案件の契約がまとまったばかりです。会社のなかでデコボコ社員とやっていくよりも、自由に動き回れる環境の方が合っていたのでしょう。本来の力を発揮できるようになったのです。適材適所をぼくが間違えていたのです。

今、会社がぐっと家族のようになり、経営も楽しくなりました。二九歳で花屋を始めたときと同じような感覚を、現在再び味わっています。

長崎の風花を上場させようなどとはまったく思っていません。社員がきちんと食べられて、笑顔がキープできればそれでいい。長崎の人たちがいるからこの会社が成り立つちょうどいいスケールがあると思うのです。

とはいえ、長崎の社員は、まだまだひよっこ。彼らを一人前にすることに、やりがいを感じるし、面白くもあります。近い将来、彼らだけで経営できるようにさせたいと思っています。

いつか、長崎に帰ったときに、彼らから「社長、今日はおごりますよ」と言われる日が来たら、それこそ食べきれないほど頼んでやろうと思います。そんなことを考えるだけでも楽しいですよね。

ぼくの会社は、永久就職できる場にしたい。年を取って車イスに乗ることになっても、水やりならできるだろうとか、できる仕事を見つければいいはずです。定年のない会社をつくりたいのです。

ぼくらもだんだん年を取る。じゃあ、社員みんなが入れる老人ホームをつくりたいな。今のうちに老人ホームのプロデュースをしておこうか。若い社員が、年寄り社員の面倒をみるなんて、いいアイデアだよな。

ときどき、そんなことを考えては楽しい気持ちになっています。

## やらせてみる

社長の渡辺は、少し前まで「自分にはなんでもできる」「自分はうまいんだ」と勘違いをしていた時期がありました。まあ、うまいのはうまいのですが、お客さんが悲鳴をあげて喜ぶまでには達しておらず、自分のうまさを押しつけているようなところがありました。

「お前、勘違いしとらんか」とずっと叱り続けていましたが、伝わりませんでした。そこで、「こいつに社長をやらせてみよう」と思ったのです。

「お前が社長をやってみろ」

するとたんに、変わりました。ぼくは月に一、二回しか帰っていないのに、売り上げが倍になりました。

やらせてみることとです。決裁権とリスクを与える。もし失敗したら、お客さんから怒られる。入金がなかったら、社員の給料は払えない。そんなことも含めてやらせてみたら、お客さんを本当に喜ばせなければならないことを、つかみ始めたようです。

## 伝説をつくれ

花屋で働く若い人たちや若いガーデナーがときどき訪ねて来て、「石原さんは、すごい」と言ってくれます。でも、ぼくはすごくない。

ぼくは聞きます。

「きみは、必死でやっていますか？」

「売れない、売れないというけれど、必要とされている花屋になっていますか？」

「三〇〇〇円の花束を、東京から栃木まで届けてほしいと言われたときに、あなたは持って行きますか？」

彼らとぼくとのちがいは、ただ一点。目の前のお客さんを必死で喜ばせようとしているかどうかだけです。

もちろん、三〇〇〇円の花束をいつも遠くまで届けるなんてことをしているわけではありません。けれど、「ここがドラマだ」と思ったら、オーバーアクションでその人のために動くのです。するとお互いの伝説ができる。

目の前の人を喜ばせることを必死でやれば、絶対に繁盛します。

庭だって、たとえ下手くそだったとしても必死でつくればいいのです。神さまが見てくれているような気がぼくにはします。

答えは、お客さんの笑顔のなかにある。

自分のした仕事で、「え〜ッ」「うわぁ、すごい」という悲鳴のような声をお客さんにあげさせろ。感動させて、お客さんの笑顔をつくれ。

そのためにはどうしたらいいのかを、考え続けるのです。

できない理由を言い出しても、何も変わりません。

「石原さんは世界チャンピオンだから、今のような仕事ができるんだ」と思う人もいるかもしれないけれど、ぼくのスタートは、無許可の路上販売。誰かに教えてもらったわけでも、何かの資格をもっていたわけでも、なんでもない。ただ、お客さんにどうしたら笑顔になってもらえるのかをずっとやってきたから、今があるだけなのです。

まず目の前のお客さんを感動させろ、泣かせろと思うんです。一〇〇円の花を買ってくれるお客さんであってもです。

それを考えたことはありますか？

「原価＋利益」を売り値にすればいいんだという商売している人は、絶対に生き残りません。「一〇〇円で仕入れたものにふつうは三割利益を乗せるものだろう」という程度の発想で商売をしている人が、生き残れるわけがないのです。

会社で働いている人だって、きっと同じでしょう。

「自分の給料はこのくらいだから、この程度の仕事をすればいい」と、もし思っているとしたら……すぐにでも改めたほうがいい。そこには何の進歩もないし、仕事の楽しさだって気づくことのないまま、終わってしまうでしょう。

自分で「これでベストか」と迷っている仕事は、お客さんに「ありがとう。きれいね」

と言ってはもらえるけれど、出来上がりに納得まではしてもらえません。

自分がベストだと思えたものがつくれたときは、必ず「え〜！」とか「キャア」とか、言葉にならない感嘆が、まずもれます。

それが本当にお客さんに、感動を与えることだと思うのです。

お客さんに悲鳴をあげるような感動を与えることができたら、そのお客さんはあなたの伝説を一生伝えてくれる営業マンになってくれます。

それに、人生は一回きり。短いものです。あっという間に過ぎますよね。

いつかは死ぬのなら、「一つ一つを本気で一生懸命やったか。伝説をつくったか」と自問して「オレはとことんやってきた」と言えるような仕事をやり続けていきたい。

いつもやれるかぎりのことをする生き方は、自分自身の人生をも豊かにしてくれると、ぼくは信じているのです。

# おわりに

二三歳のとき、「花に人生を賭けてみよう」と思い定めてから、三〇年弱。ぼくがこの道を歩み続けてこられたのは、たくさんの人たちとの出会いがあったからです。

一つの花束を売る、一つの庭をつくる。すべてが、ぼくにとっての出会いでした。

花束を渡したとき、庭を仕上げたときのお客さんの笑顔が見たくて、この仕事を続けてきたのだと思います。

花の道に入ったばかりのときは、まったくの素人でした。

これまで出会ったすべてのお客さんたちによって、ぼくは育ててもらいました。

世界一のガーデナーになれたのは、「才能があったから」なんてかっこいいものでもなんでもなくて、「今日は昨日より、もっと頑張ろう」と思い続けてこられたから。

ただ、それだけ。

お客さんをびっくりさせたい。お客さんのこぼれるような笑顔がみたい。

思わず涙を流すような感動を、お客さんに与えてみたい。

これがぼくの原動力。

「うわ～、すごかね」という歓声が聞きたくて、いつも「もっとびっくりさせられるアイデアはないかな」と考えている間に、五一歳になった。そんな人生です。

ぼくは、いたって普通の人間です。二〇数年前は、それこそ「どこにでもいる普通の若者」の一人でした。それでも、もしぼくの強みをあげるとしたら、自分を突き動かす原動力が何かを知っていることかもしれません。

睡眠不足で体が疲れていたって、お客さんの笑顔を見れば、「明日も頑張るぞ！」という気分になるし、トラブルばかりでてんやわんやの庭づくりの現場だって、「お客さんの『キャ～、すごい』という声を聞くんだ」と思えば、最後のひと踏ん張りができます。

力が、体の奥から自然とわき上がってくるんです。

人からはときどき、「どうしてそんなに馬車馬のように働けるの」と言われます。

だけどぼくにしてみれば、楽しいから動き回っているだけなんです。

「昨日よりも、いい庭をつくってやるぞ」

「このアイデアが実現できたら、きっとみんな驚くだろうな」

と、やりたいことが頭の中にはちきれんばかりに詰まっていて、体がむずむずして仕方ない。だから、動き回っているだけです。

それに、目の前のお客さんが心から喜んでくれるその瞬間を、この目で目撃したくてたまらない。そんな性分なんですね。


自分を突き動かすものは、きっと誰の中にもあるはずです。

それが何かを掘り起こしてみたら、ものすごく面白い人生を送れるはずです。


ぼくは、たくさんのお客さんの笑顔に出会うことができました。その笑顔すべてが、ぼくにとってのギフトでした。本当に幸せ者です。

人生って、人と人との出会いの中で、たくさんの思いを交わしあいながら、幸せを分けてもらっているんだと、最近しみじみ思います。

これまでたくさんのギフトを、たくさんの人たちからもらってきました。これからの人生で、恩返しをしたい。

生涯をかけて、花と緑の力で、みんなが幸せを感じられるような場を一つでも多くつくっていきたいというのが、いまのぼくの願いです。

**石原和幸**（いしはら かずゆき）

ランドスケープアーティスト。

1958年長崎市生まれ。大学卒業後、生け花の本流「池坊」に入門。花の魅力にとりつかれ、地元長崎で路上販売から花屋をスタート。35歳で庭づくりをはじめる。事業に行き詰まり借金をかかえながら、2004年、英国の国際ガーデニングショー「チェルシー・フラワーショー」に初出展。その後、2019年までに11個の金賞受賞の快挙を達成する。生まれ故郷の長崎には自身の庭園「三原庭園」を創作し、特に松の盆栽を使った庭園作りは国内・海外で高く評価されつづけている。緑の力で世界に貢献すべく、多方面で活躍中。

# 世界一の庭師の仕事術

## 路上花屋から世界ナンバーワンへ

2009年3月29日第1版第1刷発行
2020年10月19日　第7刷発行

著　者　石原和幸

発行所　WAVE出版
〒102-0074　東京都千代田区九段南 3-9-12
TEL 03-3261-3713　FAX 03-3261-3823
振替 00100-7-366376
E-mail:info@wave-publishers.co.jp
https://www.wave-publishers.co.jp

印刷・製本　中央精版印刷


ISBN978-4-87290-396-6